中学受験

社会の基本問題

小学4年

JN085758

NICHINOKEN
BOOKS

この本の特色

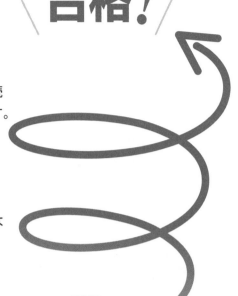

中学受験
合格！

社会や理科は暗記科目、という誤解

「覚えればいい」というのはまちがった考え方です。

細かな知識が問われる難問は全体のごくわずか。

最近は知識にもとづいて考えたり図やグラフ、文章を読み取って答えをつくったりする問題が主流になっています。

つまり、中学入試において必要な学力とは、

①主な分野において知識をしっかり獲得しているか

②知識と知識を結びつけて論理的に考えられるか

である、といえます。ふえている記述問題にしても同様な視点で出題されているものがほとんどです。

こまぎれの知識ではなく、知識の「運用力」が求められている

このように、日能研では毎年の入試を徹底的に研究しています。この本では、その研究にもとづき、もっとも基本的な内容を重点的に取り上げました。その一方で「知識を使う力」を重視し、入試と同じ総合問題形式で演習できるようになっています。この本を十分に活用して、実力アップにつなげてください。

● この本の使い方

要点ピックアップ

それぞれのテーマでもっとも基本となる項目をまとめました。問題に向かう前に、この内容をもとに学習をふり返りましょう。

問題演習

日能研のテストで蓄積した正答率をもとに、問題をレベルA・レベルBに分けてあります。問題選びや実力チェックのめやすとしても利用できます。

らくらくチェック85題

一問一答形式の確認問題です。キーワードのまとめにも使えます。

解答・解説

とくに重要な問題には解説をつけ、関連知識や考えの道すじをしめしてあります。

もくじ

編集協力：(有)バンティアン／**表紙デザイン**：森垣奈美／**本文デザイン**：(株)エッジ・デザインオフィス

第 1 回

地図の見方

要点ピックアップ

1 方位

① **4方位** ふつうは上が北、下が南、右が東、左が西であるが、方位記号をつけたときは矢印の方向が北となる。

② **8方位** 北と東の間を北東、東と南の間を南東、南と西の間を南西、西と北の間を北西という。

2 縮尺

① **縮尺** じっさいのきょりをちぢめた割合のこと。

② **じっさいのきょり** 5万分の1の地図上の1cmは、じっさいは500m。

2万5千分の1の地図上の1cmは、じっさいは250m。

3 等高線

① **等高線** 海面からはかって同じ高さの土地をむすんだ線。

② **土地のかたむき** 等高線の間かくがせまいほど土地のかたむきは急である。

4 地図記号

おもな地図記号

○ ・・・ 町・村役場（政令指定都市の区役所もふくむ）

◎ ・・・ 市役所（東京都の区役所もふくむ）

X ・・・ 交番（警察官の警棒を交差させ、記号化）

⊗ ・・・ 警察署（交番と区別したもの）

Y ・・・ 消防署（江戸時代、火消しがつかった刺股を記号化）

⊖ ・・・ 郵便局（戦前の名称、逓信省のテの字を記号化）

⊕ ・・・ 保健所（病院のマークを参考にして記号化）

⊞ ・・・ 病院（旧陸軍の衛生隊のマークをもとに記号化）

文 ・・・ 小学校・中学校（文の字を記号化）

☼ ・・・ 工場（機械の歯車を記号化）

発電所・変電所（歯車と電気回路を記号化）

⌂ ・・・ 老人ホーム（建物とつえの形を記号化）

□ ・・・ 図書館（本の形を記号化）

卍 ・・・ 寺院（仏教で使う印「まんじ」を記号化）

开 ・・・ 神社（鳥居を前から見た形を記号化）

⌺ ・・・ 記念碑（記念碑を前から見た形を記号化）

◎ ・・・ 灯台（灯台から光が四方にかがやいているようすを記号化）

♨ ・・・ 温泉（湯つぼと湯けむりを記号化）

⛬ ・・・ 城・城跡（工事をはじめるさいに張る縄の形を記号化）

田（稲をかりとったあとの切り株を記号化）

畑（発芽したばかりの2枚の若葉を記号化）

くわ畑（くわの木の形を記号化）

茶畑（茶の実の中の種を記号化）

果樹園（くだものの実を記号化）

広葉樹林（広葉樹を横から見た形を記号化）

針葉樹林（すぎなどを横から見た形を記号化）

レベル **A** 問題演習

日能研
正答率 100% 〜 80%

◆ **地図のやくそくごとについて、あとの各問いに答えましょう。**

→ 解答は84ページ

問1 地図の方位は、₁ふつう上が｜　１　｜になるようにかかれています。そうすると、地図の下は｜　２　｜、右は｜　３　｜、左は｜　４　｜になります。方位は４方位が基本ですが、もう少し細かくあらわすときは₂8方位を使います。方位について、(1)〜(3)の問いに答えましょう。

□(1)　｜　１　｜〜｜　４　｜にあてはまる方位をそれぞれ漢字１字で答えましょう。

□(2)　下線部１について、地図の上が｜　１　｜でない場合は、下の図１のような記号をつけます。この記号を何といいますか。

□(3)　下線部２について、下の図２は８方位をあらわしたものです。図中のＡ〜Ｄのうち、Ａ・Ｃのあらわす方位をそれぞれ答えましょう。ただし、図中の｜　１　｜〜｜　４　｜は、上の｜　１　｜〜｜　４　｜と同じ方位があてはまります。

図1

図2
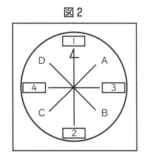

問2 等高線について、下の図３は、等高線のあらわし方をしめしたものです。これについて、あとの(1)〜(3)の問いに答えましょう。

図3　等高線のあらわし方

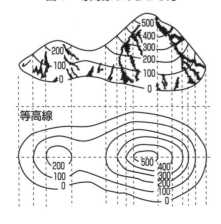

同じ高さの所をつないで、一本の線にむすんでいきます。

⇩

うずまきもようの線が等高線です。

レベル A 問題演習

□(1)　図３を見ると、等高線の間かくが広いところでは土地のかたむきが（　１　）で、せまいところでは土地のかたむきが（　２　）になっていることがわかります。
　　　（　１　）・（　２　）にあてはまることばを次から選び、それぞれ記号で答えましょう。
　　　ア　急　　　　イ　ゆるやか

□(2)　下の図４中のア〜エのうち、高さが同じと考えられるところを選び、その２つの記号を答えましょう。

図４

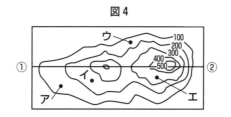

□(3)　図４を、①—②の直線で切ったときにできる断面図として正しいものを次から選び、記号で答えましょう。

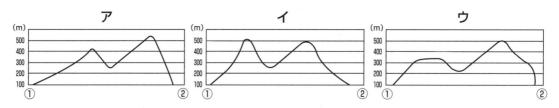

問３　広い土地を紙の上にかきあらわすには、じっさいのきょり（長さ）をちぢめないとかけません。これについて、(1)・(2)の問いに答えましょう。

□(1)　じっさいのきょりをちぢめた割合を何といいますか。

□(2)　「５万分の１」の地図の場合、地図上で１cmであらわされたじっさいのきょりは、次のような式で求めることができます。ただし、同じ番号には同じ数字があてはまります。

$$1cm×（　１　）=（　１　）cm$$
$$=（　２　）m$$

　　　（　１　）・（　２　）にあてはまる数字をそれぞれ答えましょう。

レベル B 問題演習

日能研
正答率 **80%** 〜 **50%**

◆ 次の地図は、ある町のようすをあらわしたものです。これについて、あとの各問いに答えましょう。

→ 解答は84ページ

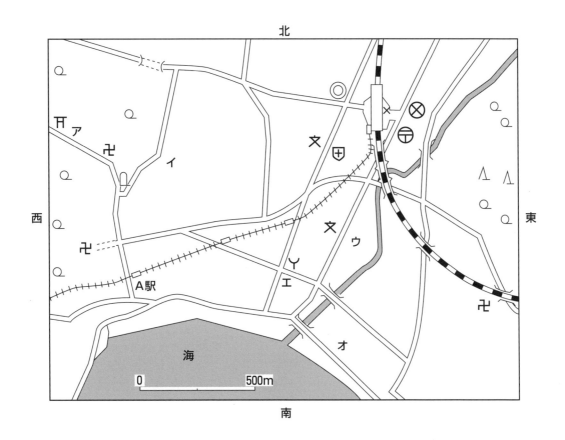

□ **問1** 上の地図であらわされている町のようすについてのべた次の文のうち、正しくないものを選び、記号で答えましょう。

ア この町の南側は、海に面している。

イ この町に流れている川は、南から北へ向かって流れている。

ウ この町の西と東には、森林が広がっている。

□ **問2** 次のページの文は、この町に住むこうじ君とみなこさんが、駅から自分の家までの道順を説明したものです。地図記号を読み取って、文中の（ 1 ）～（ 7 ）にあてはまることばをそれぞれ答えましょう。また、こうじ君とみなこさんの家の位置を地図中のア～オから選び、それぞれ記号で答えましょう。

レベル B 問題演習

┌── こうじ君の家までの道順 ──

　A駅の駅前の、南北にのびる道を（　1　）のほうへすすみます。しばらくすすむと、大きな記念碑が見えてきます。この記念碑のところでふたつに分かれる道を左にすすむと、右手に（　2　）が見えてきます。さらにすすみ、（　3　）の手前にぼくの家があります。
└──────────────────────────────

┌── みなこさんの家までの道順 ──

　JRの駅の西口を出たら、100mほど行った交差点の向こう側に（　4　）があります。この交差点を左にまがって少しすすむと、左側に（　5　）が、右側に（　6　）があります。その先の交差点をまっすぐすすみ、ふみきりをこえます。ふみきりをすぎて、次の（　7　）のある交差点の先の左側にわたしの家があります。
└──────────────────────────────

□問3　前の地図中にあった次の1〜5の地図記号の形のなりたちを説明した文をあとから選び、それぞれ記号で答えましょう。

| 1 | 2 | 3 | 4 | 5 |

ア　「すぎなどを横から見た形」からつくられたもの。

イ　「ぶん」という字からつくられたもの。

ウ　昔、火消しが使った「さすまた」という道具の形からつくられたもの。

エ　入り口にある「とりい」の形からつくられたもの。

オ　機械の「歯車」の形からつくられたもの。

カ　「けいぼう」が交差している形からつくられたもの。

キ　仏教で使う「まんじ」という字からつくられたもの。

第 **2** 回 日本列島とまわりの海

📖 **要点ピックアップ** ⬤

1 日本列島

① **位置** ユーラシア大陸の東に位置し、北東から南西へとつらなっている。
② **なりたち** 本州・北海道・九州・四国の 4 つの大きな島と、そのまわりにあるおよそ7000の島々からなる。
③ **長さ** 南北の長さはおよそ3000km。
④ **面積** およそ38万km²。

2 まわりの海・海流

北海道の北にある。冬になると流氷がおしよせる。

ユーラシア大陸

オホーツク海

千島海流

親潮

日本とユーラシア大陸の間にある。

日本海

九州の西にある。深さ200mくらいまでの大陸だなが広がる。

対馬海流

東シナ海

日本海流（黒潮）

太平洋

日本の東にある。世界でもっとも広い海。

	寒流
	暖流
	潮目

① **寒流** 太平洋側を流れる千島海流（親潮）と日本海側を流れるリマン海流。
② **暖流** 太平洋側を流れる日本海流（黒潮）と日本海側を流れる対馬海流。
③ **潮目** 寒流と暖流のぶつかるところ。多くの魚が集まる。

レベル **A** 問題演習

◆ 次の地図は日本列島とそのまわりのようすをあらわしたものです。この地図を見て、あとの各問いに答えましょう。
→ 解答は84ページ

□**問1** 地図を見ると、日本は、ある大陸の東に位置しています。この大陸の名を答えましょう。

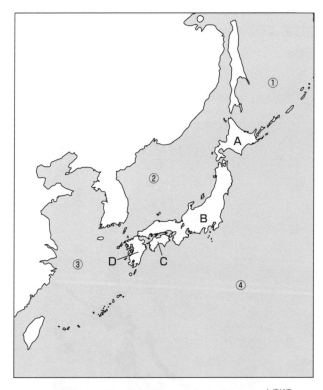

問2 地図を見ると、日本は四大島とそのまわりのいくつもの島々からなっています。このことについて、(1)～(3)の問いに答えましょう。

□(1) 地図中のA～Dの島の名を下から選び、それぞれ記号で答えましょう。
　　ア 四国　　　イ 北海道　　　ウ 本州　　　エ 九州

□(2) 地図中のA～Dの島の説明にあてはまる文を下から選び、それぞれ記号で答えましょう。
　　ア この島は四大島のなかでもっとも南に位置しています。
　　イ この島は四大島のなかでもっとも北に位置しています。
　　ウ この島には東京をはじめ、大阪、名古屋などの大都市があります。
　　エ この島は瀬戸大橋などで地図中のBの島とつながっています。

□(3)　地図中の四大島とそのまわりの島々を合わせたおよその数を下から選び、記号で答えましょう。

　　ア　5000　　　　イ　7000　　　　ウ　9000

□問3　右のグラフは、前の地図中の四大島の大きさを大きい順にあらわしたものです。このグラフについてのべた次の文中の（　あ　）～（　う　）にあてはまる数字をそれぞれ答えましょう。

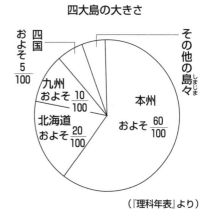

四大島の大きさ

（『理科年表』より）

> 　本州は北海道のおよそ（　あ　）倍で、日本で最大の広さをもつ島です。北海道は九州のおよそ（　い　）倍、九州は四国のおよそ（　う　）倍の大きさで、これらの4つの島が日本の国土面積の大部分をしめています。

□問4　日本の国土の総面積として正しいものを下から選び、記号で答えましょう。

　　ア　38万平方キロメートル
　　イ　48万平方キロメートル
　　ウ　55万平方キロメートル

問5　前の地図を見ると、日本はまわりを海にかこまれていることがわかります。このことについて、(1)・(2)の問いに答えましょう。

□(1)　地図中の①～④の海の名をそれぞれ答えましょう。

□(2)　地図中の①～④の海の説明としてあてはまるものを下から選び、それぞれ記号で答えましょう。

　　ア　地球の表面積のおよそ3分の1をしめる、世界でもっとも広い海である。
　　イ　深さが200メートルくらいまでのなだらかな海底が発達している海である。
　　ウ　冬になると大陸からの風がふきつけるために海が荒れる日がつづく。
　　エ　すけとうだらや、かに漁がさかんな海で、冬には流氷が見られる。

レベル **B** 問題演習　日能研 正答率 80% 〜 50%

◆　日本の近海には、いくつかの海流が流れています。これらの海流はむかしから日本人に海のめぐみをもたらしてくれました。また、海流は日本の沿岸地域の気候にも大きな影響をあたえています。日本の近海を流れるおもな海流について説明した次のA〜Cの文を読んで、あとの各問いに答えましょう。　→ 解答は84・85ページ

A　この海流は塩分を多くふくみ、まわりの海水にくらべて青黒い色をしています。そのため、別名（　　　）ともよばれています。

B　この海流は栄養分がとても豊かで、魚を育てる役割をはたしていることから別名（　　　）ともよばれています。

C　この海流は日本海を南から北へ流れています。この海流としめった風の影響で日本海側の地域には冬、雨や多くの（　　　）がふります。

□**問1**　前のA〜Cの文中の海流の名を下から選び、それぞれ記号で答えましょう。
　ア　リマン海流　　　イ　対馬海流　　　ウ　日本海流　　　エ　千島海流

問2　前のA・Bの文中の海流について、(1)〜(3)の問いに答えましょう。
　□(1)　A・Bの文中の（　　　）にあてはまることばをそれぞれ答えましょう。
　□(2)　A・Bの文中の海流が流れる東北地方の三陸沖は、よい漁場になっています。この理由として正しいものを下から選び、記号で答えなさい。
　　ア　2つの海流がぶつかることで、養分をふくんだ海底の土がまきあげられ、魚のえさとなるプランクトンが大量に発生するから。
　　イ　2つの海流がぶつかることで海水がきれいになるとともに、海水が魚の生育に適した温度になるから。
　　ウ　2つの海流が運んできた土砂が海底に積もり、海底が浅くなり、さらに波がおだやかになるから。
　□(3)　(2)で答えた理由でできる三陸沖のよい漁場を何といいますか。ひらがな3字で答えましょう。

問3 前のB・Cの文中の海流について、これらの海流は沿岸地域の気候に大きな影響をあたえています。このことについて、(1)・(2)の問いに答えましょう。

□(1) Bの文中の海流について、北海道^{ほっかいどう}東部の沿岸の地域は、この海流が原因^{げんいん}となってしばしば夏に発生する濃い霧^{きり}におおわれることがあります。この霧による影響としてふさわしくないものをあとから選び、記号で答えましょう。

ア 遠くが見えにくくなるため、漁船^{ぎょせん}が漁^{りょう}に行けなくなることがある。

イ 空気中の水分が多くなって川の水量^{すいりょう}がふえてこう水がおこりやすくなる。

ウ 日光があたる時間が短くなって、農作物の育ちが悪くなることがある。

□(2) Cの文中の（　　　）にあてはまることばを漢字1字で答えましょう。

□**問4** 日本の近海には、おもに4つの海流が流れています。次のア～ウの地図のうち、暖^{だん}流^{りゅう}と寒流の流れる向きを正しくあらわしたものを選び、記号で答えましょう。ただし、←━━は暖流、⇐══は寒流の流れる向きをあらわしています。

ア

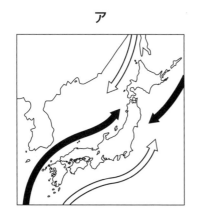

イ

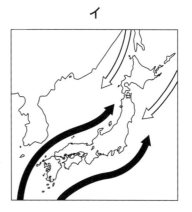

ウ

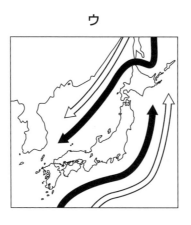

第 3 回 山地・山脈と火山

要点ピックアップ

1 日本の山々

①**山地** 日本の国土のおよそ4分の3が山地である。

②**森林** 日本の国土のおよそ3分の2が森林である。
土砂くずれなどの災害を防ぐ、人間が生きていく
うえで必要な酸素をつくる、地下に水をたくわえ
るなどのはたらきがある。

③**火山** 日本は世界の中でも火山の多い国である。

2 山地・山脈

①**フォッサマグナ** 本州の中央部にはしる大地溝帯。ここを境に、東北日本ではだいた
い3列、西南日本ではだいたい2列に山地・山脈がつらなる。

②**「日本の屋根」** 3000mをこえる山々が集まる本州の中央部分。特に、飛驒山脈・木曽
山脈・赤石山脈は、合わせて日本アルプスとよばれる。

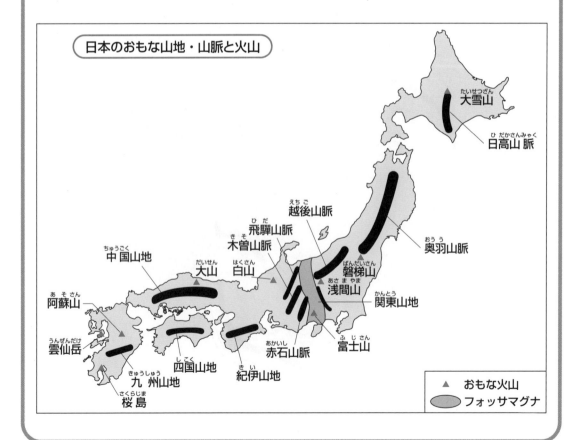

日本のおもな山地・山脈と火山

▲ おもな火山

⬭ フォッサマグナ

大雪山（たいせつざん）
日高山脈（ひだかさんみゃく）
越後山脈（えちご）
飛驒山脈（ひだ）
木曽山脈（きそ）
奥羽山脈（おうう）
磐梯山（ばんだいさん）
浅間山（あさまやま）
中国山地（ちゅうごく）
大山（だいせん）
白山（はくさん）
関東山地（かんとう）
阿蘇山（あそさん）
雲仙岳（うんぜんだけ）
四国山地（しこく）
九州山地（きゅうしゅう）
桜島（さくらじま）
紀伊山地（きい）
赤石山脈（あかいし）
富士山（ふじさん）

 問題演習

日能研 正答率 100% 〜 80%

 日本は山地・山脈の多いことで知られています。このことについて、あとの各問いに答えましょう。

→ 解答は85ページ

□問1　日本は、世界の中でも山の多い国です。日本の国土にしめる山地と平地の割合を正しくしめしているグラフを下から選び、記号で答えましょう。

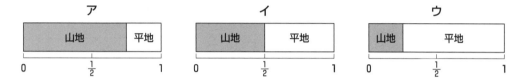

問2　山地の多い日本は、森林がたいへん多い国でもあります。森林について、(1)〜(3)の問いに答えましょう。

□(1)　日本の国土面積にしめる森林の割合として正しいものを下から選び、記号で答えましょう。

　　ア　5分の4　　　　イ　3分の2　　　　ウ　4分の3

□(2)　森林がつくり出す木材は、大昔から人々に利用されてきました。木材の利用のしかたとしてふさわしくないものを下から選び、記号で答えましょう。

　　ア　木を組み立てて、家や船をつくる。

　　イ　木のせんいを取り出して紙をつくる。

　　ウ　まきや炭にして燃料とする。

　　エ　うすくけずって、包丁などの刃に使う。

(3)　森林は、人が生きていくために役立つさまざまなはたらきをしています。これについてまとめた、次の文を読み、①・②の問いに答えましょう。

> 　森林には、二酸化炭素を吸収し、人が生きていくために必要な（　1　）をつくり出すはたらきがあります。さらに、森林の土は、落ち葉が積もってスポンジのようになっていて、台風や大雨のときには、土が水をいっぺんに流さないようにして（　2　）を防ぎ、また木の根は土をつかんでいるので（　3　）を防ぐはたらきがあります。森林にはこのようなはたらきがあるので、森林は「緑の（　4　）」とよばれることがあります。

□①　文中の（　1　）〜（　3　）にあてはまることばを下から選び、それぞれ記号で答えましょう。

　　ア　酸素　　　　　イ　ちっ素　　　ウ　地震

　　エ　こう水　　　オ　土砂くずれ

□②　文中の（　4　）にあてはまることばをカタカナ2字で答えましょう。

レベル **A** 問題演習

問3 次の地図は、日本のおもな山地・山脈をあらわしたものです。これを見て、(1)〜(4)の問いに答えましょう。

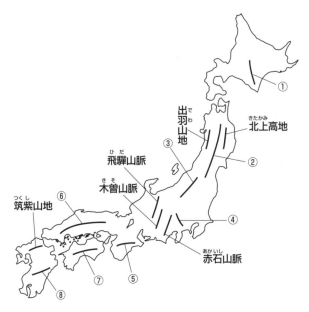

□(1) 日本の山地・山脈のならび方を見ると、東日本では　　1　　の方向に、西日本では　　2　　の方向につらなっています。

　　　1　・　2　にあてはまることばを下から選び、それぞれ記号で答えましょう。

ア 東西　　　**イ** 南北

□(2) 地図中の飛驒山脈・木曽山脈・赤石山脈の東には、大地溝帯とよばれ、土地が大きく落ちこんでいるところが見られます。この大地溝帯のことを何といいますか。カタカナで答えましょう。

□(3) 次の文は、地図中の飛驒山脈・木曽山脈・赤石山脈についてのべたものです。文中の　　1　　〜　　3　　にあてはまる数字やことばをそれぞれ答えましょう。

> これらの山脈がある本州の中央部は、　　1　　メートルをこえる高い山々が集まっているため、日本の　　2　　とよばれています。そして、飛驒・木曽・赤石の３つの山脈は、そのようすがヨーロッパのある山脈に似ていることから、まとめて日本　　3　　とよばれています。

□(4) 地図中の①〜⑧にあてはまる山地・山脈の名をそれぞれ答えましょう。

レベル **B** 問題演習

日能研
正答率 **80%** ～ **50%**

次の図1は、日本のおもな高い山をまとめてしめしたものです。図1のA～Dは、それぞれ四大島ごとに図1の山々を分けています。この図1を見ながら、日本のおもな高い山について、あとの各問いに答えましょう。

→ 解答は85ページ

図1　日本のおもな高い山

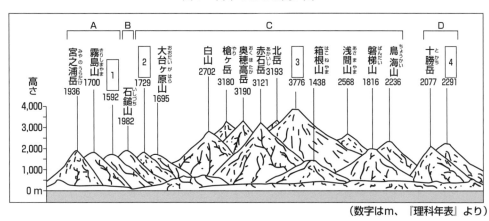

（数字はm、『理科年表』より）

□**問1**　図1でしめされたA～DのうちのBとDは、四大島のうち、どの島とどの島にあたりますか。それぞれ答えましょう。

□**問2**　図1を見ながら、下のア～ウの説明のうちでまちがっているものを選び、記号で答えましょう。

　ア　日本でもっとも高い山々がたくさん集まっているのは本州です。

　イ　九州には2000mをこえる高い山はありません。

　ウ　日本列島では北へ向かうほど山の高さが高くなります。

問3　図1のAの島の山について、(1)・(2)の問いに答えましょう。

□(1)　図1の　1　の山について説明した次の文を参考にして、　1　の山の名を答えましょう。

　　●この山には、火山の爆発によってできたくぼ地としては世界最大級のものが見られます。

□(2)　図1の　1　の山と霧島山の間には、ある山地がつらなっています。その山地の名を答えましょう。

レベル **B** 問題演習

□**問4** 前の図1のBの島について、この島には火山が1つもありません。Bの島の山地は火山のはたらきではなくどのようにしてつくられたものですか。下から選び、記号で答えましょう。

ア 風で運ばれてきた砂(すな)や土が高く積(つ)もって山地になった。

イ 地球内部の大きな力によって、地面がおし上げられて山地になった。

ウ 雨や風で地面がけずられていくうちに、かたいところが残(のこ)って山地になった。

問5 前の図1のCの島の山について、(1)・(2)の問いに答えましょう。

□(1) 次の [2]・[3] は、それぞれ図1の [2]・[3] の山について説明しています。[2]・[3] の説明を参考にして、それぞれの山の名を答えましょう。

[2]……中国山地に位置(いち)するこの火山は、そのすがたから伯耆富士(ほうきふじ)とよばれることもあります。

[3]……この山は日本でもっとも高い山であるとともに、その美しいすがたから、日本を代表する山として外国でもよく知られています。

(2) 前の図1の槍ヶ岳、奥穂高岳、赤石岳、北岳は、3000m級の高くけわしい山々が集まった3つの山脈(さんみゃく)に位置しています。この3つの山脈について、①・②の問いに答えましょう。

□① この3つの山脈は、その山々のようすがヨーロッパのある山脈に似(に)ていることから、まとめて何とよばれていますか。

□② 下の図2は、3つの山脈と槍ヶ岳、奥穂高岳、赤石岳、北岳の位置をしめしています。槍ヶ岳と奥穂高岳が見られる図2のAの山脈の名と、赤石岳と北岳が見られる図2のBの山脈の名をそれぞれ答えましょう。

図2

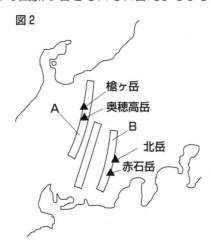

□**問6** 前の図1の □ 1 □ 〜 □ 4 □ の山の位置を下の図3のア〜コから選び、それぞれ記号で答えましょう。

図3

第 **4** 回　川と平野・盆地

要点ピックアップ

1 日本の川

①**特色**　平地が少なく、山地が多い。→外国の川とくらべて、長さが短く、流れが急である。

②**川の水の利用**　水量が豊か。→農業用水・生活用水・工業用水のほか、水力発電にも利用される。

③**おもな川**

順位	1位	2位	3位
長さ	信濃川	利根川	石狩川
流域面積の広さ	利根川	石狩川	信濃川

2 平野と盆地

①**平野**　川の下流に広がる平らな土地。

②**盆地**　川の中流に見られる、山にかこまれた平らな土地。

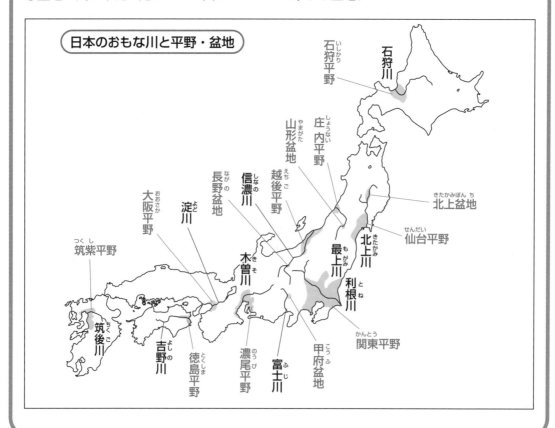

日本のおもな川と平野・盆地

 問題演習

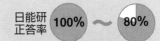

川の特色と日本のおもな川について、あとの各問いに答えましょう。

→ 解答は85ページ

□**問1** 日本の川は、季節によって流量が大きくかわり、水かさがふえることもあります。それはどういう時ですか。それについてのべた文としてまちがっているものを次から選び、記号で答えましょう。

ア 春先に山奥の雪がとけるころ。

イ 夏のはじめに続く梅雨。

ウ 夏から秋にかけて日本をおそう台風。

エ 秋から冬にかけて山々に雪が積もるころ。

□**問2** 川の水はさまざまなことに使われます。それについてのべた次の1〜3の水を、それぞれ何用水といいますか。

1 米や野菜などをつくるために使われる水。

2 工場で機械や製品などを洗う時に使われる水。

3 ふだん飲んだり、ふろやせんたくなどに使われる水。

□**問3** 流域面積の広い川ほど利用できる水の量も多くなりますが、流域面積とは川の見た目の広さ（水面の面積）ではありません。流域面積の説明として正しいものを次から選び、記号で答えましょう。

ア 川底の総面積

イ 川の流域にある川原の面積

ウ 川が水を集めてくる地域の面積

問4 次の表は、日本のおもな川をまとめたものです。これについて、あとの(1)〜(3)の問いに答えましょう。

川の名	長さ(km)	流域面積(km²)	流域の盆地や平野
石狩川	1	5	上川盆地・石狩平野
最上川	229	6	9
信濃川	367	7	10
利根川	2	16840	関東平野
富士川	3	3990	11
木曽川	227	8	12
淀川	4	8240	大阪平野

レベル **A** 問題演習

□(1) 次のア～エは、前の表中の ⎡ 1 ⎤～⎡ 4 ⎤のいずれかにあてはまる、川の長さをしめしています。このうち、⎡ 2 ⎤にあてはまる長さを選び、記号で答えましょう。

　ア 268　　　イ 128　　　ウ 322　　　エ 75

□(2) 次のア～エは、前の表中の ⎡ 5 ⎤～⎡ 8 ⎤のいずれかにあてはまる、川の流域面積をしめしています。このうち、⎡ 5 ⎤にあてはまる流域面積を選び、記号で答えましょう。

　ア 7040　　　イ 14330　　　ウ 11900　　　エ 9100

□(3) 前の表中の ⎡ 9 ⎤～⎡ 12 ⎤のうち、⎡ 9 ⎤と⎡ 11 ⎤にあてはまる盆地や平野を次から選び、それぞれ記号で答えましょう。また、それぞれの位置をあとの地図中のカ～ケから選び、記号で答えましょう。

　ア 濃尾平野
　イ 山形盆地・庄内平野
　ウ 甲府盆地
　エ 長野盆地・越後平野

24

レベル **B** 問題演習

日能研
正答率 **80%** 〜 **50%**

 次の文章を読んで、あとの各問いに答えましょう。

→ 解答は86ページ

　日本の川の多くは、国土の中央につらなる₁山地から流れ出すと、すぐ海にたっします。そのため日本の川は、外国の川にくらべて、［＿＿＿＿2＿＿＿＿］という特色があります。また、ふだんは流れる水の量が少ない川でも、₃季節によっては水の量がふえて、こう水がおこりやすくなります。そのため、₄川の上流に（　　　　）をつくって水をため、こう水を防いだり、水不足にならないようにしています。

□**問1**　文章中の下線部1について、日本の国土全体のうち、どれくらいが山地になっていますか。次から選び、記号で答えましょう。

　ア　3分の1　　　**イ**　2分の1　　　**ウ**　3分の2　　　**エ**　4分の3

問2　次の図は、日本の川と外国の川をくらべたものです。これを見て、(1)・(2)の問いに答えましょう。

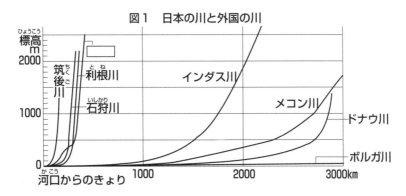

図1　日本の川と外国の川

□(1)　図1の［＿＿＿＿＿］には、日本一長い川の名があてはまります。その川の名を答えましょう。

□(2)　この図1を参考にして、上の文章中の［＿＿＿2＿＿＿］にあてはまる文を、長さ・流れという2つのことばを使って答えましょう。

問3　文章中の下線部3について、(1)・(2)の問いに答えましょう。

□(1)　日本の川の水が特に多くなるのは、台風・梅雨・雪どけの時期です。右の図2のア〜エから、台風・梅雨・雪どけの時期を選び、それぞれ記号で答えましょう。

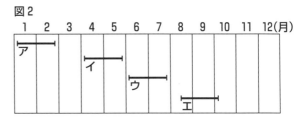

図2

レベル **B** 問題演習

□(2)　次のグラフは、日本のある川の水の量を月ごとにあらわしたものです。その川をあとの図3のア〜エから選び、記号で答えましょう。

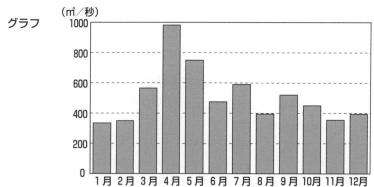

グラフ

（㎥／秒）

□　問4　前の文章中の下線部4について、(1)〜(3)の問いに答えましょう。

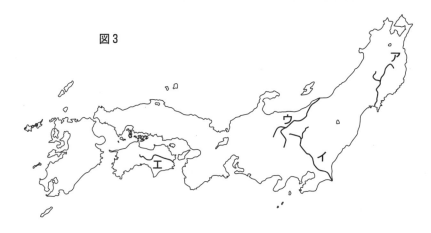

図3

問4　前の文章中の下線部4について、(1)〜(3)の問いに答えましょう。

□(1)　文章中の（　　　）にあてはまることばをカタカナ2字で答えましょう。

□(2)　(1)で答えたところにためられた水は、わたしたちの身のまわりのいろいろなことに使われます。そうした水の使われ方として正しくないものを次から選び、記号で答えましょう。

　ア　下水しょり場できれいにされ、わたしたちの家の水道に送られる。

　イ　田んぼに入れられたり、畑にまかれたりする。

　ウ　工場で製品や機械を洗ったり冷やしたりするのに使われる。

□(3)　(1)で答えたものは、水をためるために人がつくったものです。川の上流には、これと同じはたらきをする自然のものもあります。それは何ですか。漢字2字で答えましょう。

第 5 回

海岸線・半島・島

要点ピックアップ

1 日本の海岸線

長さはおよそ35000kmと、面積のわりにとても長い。

砂浜海岸 (すなはま)	川が運んできた土砂が波にうち上げられてできた。例 九十九里浜(千葉県) (くじゅうく りはま ちば)
岩石海岸	波が岩をけずってできた。
リアス海岸	山地が海にしずんでできた、出入りのはげしい海岸。入り江の奥は波が 静かで漁港をつくりやすいが、津波の被害を受けやすい。例 三陸海岸 (岩手県など)
サンゴ海岸	サンゴなどの死がいでできた遠浅の海岸。日本では沖縄など、あたたか い海でしか見られない。

2 半島と島

①**半島** 陸地が海につき出したところ。ぎゃくに、海が陸地に入りこんだところを湾という。

②**島** 日本にはおよそ7000の島がある。

日本の海岸の種類とおもな半島・島

津軽半島
佐渡島
能登半島
鳥取砂丘
淡路島
対馬
三陸海岸
九十九里浜
房総半島
伊豆半島
紀伊半島
奄美大島
沖縄島
薩摩半島

砂浜海岸
岩石海岸
リアス海岸
サンゴ海岸

レベル **A** 問題演習　　　　日能研
正答率 100% ～ 80%

　日本の各地で見られるさまざまな種類の海岸について説明した次のA～Dの文と地図を参考にして、あとの各問いに答えましょう。　　　　→ 解答は86ページ

A　この海岸は、山地が海にしずみこんでできた海岸です。波の静かな入り江は漁港をつくるのに適しています。

B　この海岸は、ある生物の死がいが、浅い海に積み重なってできたもので、日本では一部の地域でしか見られません。

C　この海岸は、大きな岩が波の力でけずられてできた海岸です。この海岸は「いそ」とよばれることもあります。

D　この海岸は、川が海まで運んだ細かい土砂が潮に流され、波によって海岸にうち上げられてできた海岸です。

日本の海岸線の種類とおもな半島

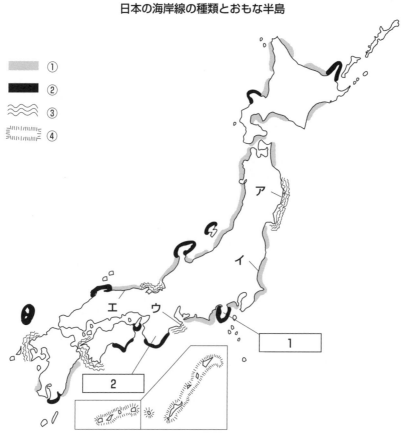

問1　Aの文について、(1)・(2)の問いに答えましょう。

　□(1)　この種類の海岸の1つに、三陸海岸があります。三陸海岸の位置を上の地図中のア～エから選び、記号で答えましょう。

□(2)　この海岸地形は、漁港をつくるのには適していますが、ある災害の被害を受けやすい地形でもあります。このことについてのべた次の文中の（　1　）・（　2　）にあてはまる災害の名をあとのア～カから選び、それぞれ記号で答えましょう。

> 　この海岸は、（　1　）が発生したときにおこる大きな波である（　2　）の被害を受けやすくなっています。

ア　台風　　イ　地震　　ウ　梅雨　　エ　津波　　オ　高潮　　カ　親潮

□**問2**　Bの文について、この海岸は、日本のどのような地域でしか見られないのですか。下から選び、記号で答えましょう。
ア　南のほうのあたたかい海
イ　北のほうのつめたい海
ウ　四大島のうちの３つにかこまれた瀬戸内海

問3　Cの文について、(1)・(2)の問いに答えましょう。
□(1)　こうした「いそ」をもつ海岸の中には、観光客が多くおとずれるところがあります。「いそ」で楽しむ遊びとしてふさわしいものを下から選び、記号で答えましょう。
ア　海水浴　　　　イ　潮干がり　　　　ウ　魚つり　　　　エ　ヨット
□(2)　この種類の海岸が見られる、前の地図中の[　1　]・[　2　]にあてはまる半島の名を下から選び、それぞれ記号で答えましょう。
ア　津軽半島　　　　イ　伊豆半島　　　　ウ　紀伊半島
エ　能登半島　　　　オ　房総半島

□**問4**　Dの文について、この種類の海岸が見られるところの１つに広大な砂丘がつづくことで知られる鳥取県の海岸があります。その位置を前の地図中のア～エから選び、記号で答えましょう。

問5　A～Dの文が説明している海岸の種類について、(1)・(2)の問いに答えましょう。
□(1)　A～Dの文が説明している種類の海岸の分布をしめしているものを前の地図中の①～④から選び、それぞれ番号で答えましょう。
□(2)　A～Dの文が説明している海岸の種類を下から選び、それぞれ記号で答えましょう。
ア　サンゴ海岸　　　イ　リアス海岸　　　ウ　砂浜海岸　　　エ　岩石海岸

レベル B 問題演習

日能研
正答率 80% 〜 50%

◆ 次のA〜Dの島について、あとの各問いに答えましょう。

→ 解答は86ページ

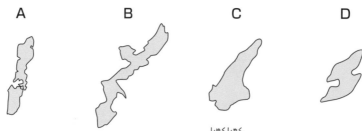

A   B   C   D

※ A〜Dの島は、すべて上が北ですが、縮尺は同じではありません。

□問1 A〜Dの島々の位置を下の地図中のア〜オから選び、それぞれ記号で答えましょう。

□**問2**　A〜Dの島の説明としてふさわしいものを下のア〜オから選び、それぞれ記号で答えましょう。また、A〜Dの島の名をそれぞれ答えましょう。

　ア　この島は、日本でもっとも北に位置しています。太平洋戦争の後、ロシアに占領されたままになっていて、今でも日本は島を返すようにロシアに求めています。

　イ　この島は、太平洋戦争の後、アメリカに占領されていたことがあり、今でもアメリカ軍基地があります。

　ウ　この島は、九州と朝鮮半島の間にあるため、古くは中国や朝鮮半島からの人や物の通り道として重要な役割をはたしていました。

　エ　この島は日本海に位置し、江戸時代にはこの島に流された罪人を使って金が採掘されていました。現在では金山のあとがこの島の観光の名所になっています。

　オ　この島は、瀬戸内海に位置する島の中でもっとも大きな島です。あたたかい気候にめぐまれているうえ、大都市にも近いため、玉ねぎなどの野菜や草花の生産がさかんです。

□**問3**　A〜Dの島の中には、本州と橋でむすばれて大都市への移動がかんたんになった島があります。その島を前のA〜Dから選び、記号で答えましょう。

□**問4**　A〜Dの島々のほかにも、四大島からはなれた小さな島々があります。そうした「はなれ島」のくらしについて説明した文としてふさわしくないものを下から選び、記号で答えましょう。

　ア　多くの島々では、工業よりも農業や漁業がさかんであるが、収入があまり多くない。

　イ　美しい自然を売り物に、観光に力を入れている島も多く見られる。

　ウ　食料品や日用品は船で運ばれてくるため、生活に必要なものが不足することはない。

　エ　島にはたらく場所が少なく、若い人が島から出て行くため、人口がへっている島が多い。

第 6 回 都道府県

 要点ピックアップ ●

47の都道府県と都道府県庁のある都市

番号	地方	都道府県名	都道府県庁のある都市	番号	地方	都道府県名	都道府県庁のある都市	番号	地方	都道府県名	都道府県庁のある都市
1	北海道地方	北海道	札幌市	23	中部地方	愛知県	名古屋市	40	九州地方	福岡県	福岡市
2	東北地方	青森県	青森市	24	近畿地方	滋賀県	大津市	41		佐賀県	佐賀市
3		岩手県	盛岡市	25		三重県	津市	42		長崎県	長崎市
4		秋田県	秋田市	26		奈良県	奈良市	43		大分県	大分市
5		宮城県	仙台市	27		和歌山県	和歌山市	44		熊本県	熊本市
6		山形県	山形市	28		大阪府	大阪市	45		宮崎県	宮崎市
7		福島県	福島市	29		京都府	京都市	46		鹿児島県	鹿児島市
8	関東地方	群馬県	前橋市	30		兵庫県	神戸市	47		沖縄県	那覇市
9		栃木県	宇都宮市	31	中国地方	鳥取県	鳥取市				
10		茨城県	水戸市	32		島根県	松江市				
11		千葉県	千葉市	33		岡山県	岡山市				
12		埼玉県	さいたま市	34		広島県	広島市				
13		東京都	東京23区	35		山口県	山口市				
14		神奈川県	横浜市	36	四国地方	香川県	高松市				
15	中部地方	新潟県	新潟市	37		愛媛県	松山市				
16		富山県	富山市	38		徳島県	徳島市				
17		石川県	金沢市	39		高知県	高知市				
18		福井県	福井市								
19		山梨県	甲府市								
20		長野県	長野市								
21		岐阜県	岐阜市								
22		静岡県	静岡市								

北海道地方

東北地方

中部地方

関東地方

中国地方

近畿地方

四国地方

九州地方

(◉ は都道府県庁の
ある都市をしめします。)

レベル **A** 問題演習　日能研 正答率 100% ～ 80%

◆ 次の地図は日本を8地方に分けたものです。この地図を見て、あとの各問いに答えましょう。

→ 解答は86ページ

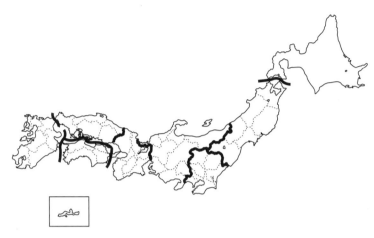

□**問1**　上の地図中の8地方の中でもっとも面積が広い地方の名を答えましょう。また、もっとも面積がせまい地方の名を答えましょう。

問2　次の表は、上の地図中の8つの地方とそれぞれの地方にふくまれている都道府県の数をあらわしたものです。この表と上の地図を見て、(1)・(2)の問いに答えましょう。

地方の名	北海道	A	関東	中部	B	中国	四国	九州
数	1	6	7	9	7		4	8

□(1)　表中のA・Bにあてはまる地方の名を上の地図を参考にしてそれぞれ答えましょう。

□(2)　表中の中国地方にふくまれる都道府県の数を上の地図を参考にして答えましょう。

□**問3**　上の地図は日本を8つの地方に分けたものです。このほかにもひとつの地方をさらに細かく分けてよぶこともあります。次の文中の（　1　）～（　4　）にあてはまることばをあとのア～オから選び、それぞれ記号で答えましょう。

> 　中部地方は、日本海側を（　1　）、内陸部を中央高地、太平洋側を（　2　）と分けてよぶことがあります。また、中国地方は、日本海側を（　3　）、瀬戸内海側を（　4　）と分けてよぶことがあります。

ア　山陽　　　イ　北陸　　　ウ　関西　　　エ　山陰　　　オ　東海

レベル B 問題演習

日能研 正答率　80% ～ 50%

◆　次の表は、47都道府県の面積と人口を、地図は位置をしめしたものです。表と地図を見て、あとの各問いに答えましょう。

→ 解答は87ページ

表

都道府県	面積(k㎡)	人口(千人)	都道府県	面積(k㎡)	人口(千人)	都道府県	面積(k㎡)	人口(千人)
北海道	83424	5225	石　川	4186	1133	岡　山	7114	1888
青　森	9646	1238	福　井	4191	767	広　島	8480	2800
（あ）	15275	1211	山　梨	4465	810	山　口	6113	1342
宮　城	7282	2302	長　野	13562	2048	徳　島	4147	720
秋　田	11638	960	岐　阜	10621	1979	（い）	1877	950
山　形	9323	1068	静　岡	7777	3633	愛　媛	5676	1335
福　島	13784	1833	愛　知	5173	7542	高　知	7104	692
茨　城	6097	2867	三　重	5774	1770	福　岡	4987	5135
栃　木	6408	1933	滋　賀	4017	1414	佐　賀	2441	811
群　馬	6362	1939	京　都	4612	2578	長　崎	4131	1312
埼　玉	3798	7345	（B）	1905	8838	熊　本	7409	1738
千　葉	5158	6284	兵　庫	8401	5465	大　分	6341	1124
東　京	2194	14048	奈　良	3691	1324	宮　崎	7735	1070
（A）	2416	9237	和歌山	4725	923	鹿児島	9187	1588
新　潟	12584	2201	（C）	3507	553	沖　縄	2283	1467
富　山	4248	1035	島　根	6708	671	全　国	377976	126146

（2020年10月1日現在、面積は国土地理院調べ、人口は令和2年国勢調査確報値より）

地図1

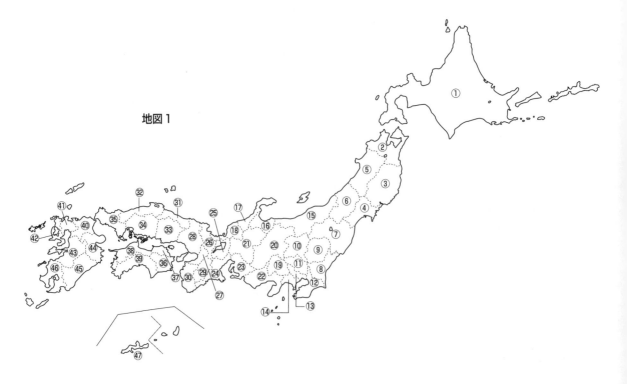

□**問 1**　表中の（　あ　）には北海道についで面積が 2 番目に大きい都道府県が、（　い　）には面積がもっとも小さい都道府県があてはまります。（　あ　）・（　い　）にあてはまる都道府県の名をそれぞれ答えましょう。また、その都道府県の位置を前の地図 1 から選び、それぞれ番号で答えましょう。

□**問 2**　表中の（　A　）には東京都に次いで人口が 2 番目に多い都道府県が、（　B　）には人口が 3 番目に多い都道府県が、（　C　）には人口がもっとも少ない都道府県があてはまります。（　A　）～（　C　）にあてはまる都道府県の名をそれぞれ答えましょう。また、その都道府県の位置を地図 1 から選び、それぞれ番号で答えましょう。

問 3　人口のこみぐあいについて、(1)～(3)の問いに答えましょう。
　□(1)　表中の千葉県と愛知県を見ると、面積がほぼ同じくらいになっていますが、人口がこみあっているのはどちらの県ですか。
　□(2)　表中の青森県と奈良県を見ると、人口がほぼ同じくらいになっていますが、人口がこみあっているのはどちらの県ですか。
　□(3)　同じくらいの面積の都道府県をくらべた場合、そこにいる人の数が（　1　）いほうが人口がこみあっているということができます。また、同じくらいの人口の都道府県をくらべた場合、そこの面積が（　2　）いほうが人口がこみあっているということができます。
　　　　（　1　）・（　2　）にあてはまることばをそれぞれ答えましょう。

□**問 4**　表から情報を読み取りましょう。次の 1 ～ 3 のうち、正しく読み取っているものには○、読み取っていない、ここからはわからないものは×で答えましょう。
　1　九州地方でもっとも人口が多いのは福岡県です。
　2　関東地方でもっとも面積が大きいのは群馬県です。
　3　人口のこみあっているところは、自動車を持っている人の割合が高くなっています。

レベル B　問題演習

□**問5**　都道府県名と都道府県庁所在都市名がちがうところは、全部で17道県あります。次の地図2の1〜8は、そのうちの8つをさしています。1〜8の道県の道県庁所在都市名をあとのア〜シから選び、それぞれ記号で答えましょう。

地図2

ア 宇都宮市	イ 大津市	ウ 金沢市	エ 甲府市
オ 神戸市	カ 札幌市	キ 仙台市	ク 名古屋市
ケ 那覇市	コ 前橋市	サ 水戸市	シ 横浜市

第 7 回 グラフの見方

要点ピックアップ

1 さまざまなグラフ

棒グラフ	棒の長さによって、数や量の大きさをくらべる。
折れ線グラフ	点をむすんだ線のかたむきで、数や量のうつりかわりをあらわす。
円グラフ	円を区切った面積で、全体にしめる割合をあらわす。
帯グラフ	四角形の幅で、全体にしめる割合のうつりかわりをあらわす。

2 雨温図

①作り方　月ごとの平均気温を折れ線グラフで、降水量を棒グラフであらわす。
②単位　気温の単位は℃、降水量の単位は㎜。

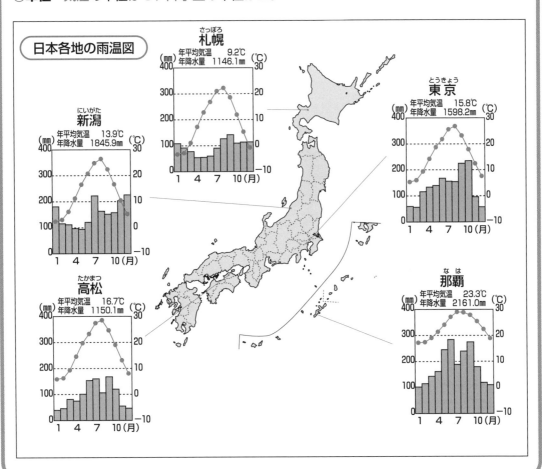

日本各地の雨温図

札幌
年平均気温　9.2℃
年降水量　1146.1㎜

東京
年平均気温　15.8℃
年降水量　1598.2㎜

新潟
年平均気温　13.9℃
年降水量　1845.9㎜

高松
年平均気温　16.7℃
年降水量　1150.1㎜

那覇
年平均気温　23.3℃
年降水量　2161.0㎜

レベル A 問題演習

日能研
正答率 100% 〜 80%

次の4つのグラフについて、あとの各問いに答えましょう。

→ 解答は87ページ

グラフ1
魚や貝のとれ高が多い国

（万トン）　　　　　　　　　（2019年）

（縦軸：0, 200, 400, 600, 800, 1000, 1200, 1400, 1600）

（横軸：中国、インドネシア、インド、ロシア、ペルー、アメリカ、ベトナム、日本、ノルウェー、チリ）

グラフ2
日本の国土面積にしめる四大島の割合

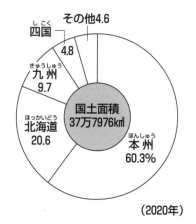

その他4.6
四国 4.8
九州 9.7
北海道 20.6
国土面積 37万7976km²
本州 60.3%

（2020年）

グラフ3
おもな国の自動車生産高のうつりかわり

（万台）

（縦軸：0, 200, 400, 600, 800, 1000, 1200, 1400, … 2000, 2200, 2400, 2600, 2800, 3000）

日本　中国　アメリカ　ドイツ　旧西ドイツ　韓国

（横軸：1970, 75, 80, 85, 90, 95, 2000, 05, 10, 15, 20 （年））

（グラフ1〜3は『日本国勢図会』より）

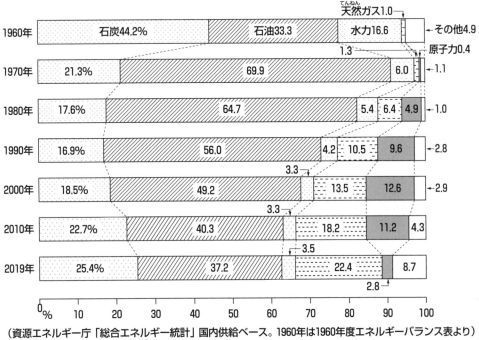

グラフ4
日本が利用しているエネルギーの割合のうつりかわり

（資源エネルギー庁「総合エネルギー統計」国内供給ベース。1960年は1960年度エネルギーバランス表より）

問1 グラフ1～4について、(1)・(2)の問いに答えましょう。

□(1) 1～4のグラフの種類を下から選び、それぞれ記号で答えましょう。

　　ア　円グラフ　　　　イ　棒グラフ　　　ウ　帯グラフ　　　エ　折れ線グラフ

□(2) 1～4のグラフの特色を説明したものを下から選び、それぞれ記号で答えましょう。

　　ア　全体にしめる割合を、四角形の幅でしめしたもの。

　　イ　棒の長さによって、数や量の大きさをくらべたもの。

　　ウ　全体にしめる割合を、おうぎ形をした図形の大きさでしめしたもの。

　　エ　ある期間にわたっての数や量のうつりかわりを、線のかたむきによってしめしたもの。

□**問2**　グラフ1を読み取った文としてふさわしくないものを下から選び、記号で答えましょう。

　　ア　とれ高がもっとも多い国は中国で、そのとれ高は1400万トン以上ある。

　　イ　中国のとれ高は、チリのとれ高の10倍以上である。

　　ウ　日本のとれ高はおよそ320万トンで、8番目に多い。

　　エ　日本のとれ高は、中国のとれ高の4分の1以下である。

レベル A 問題演習

□問3　次の文は、前のグラフ2を読み取ったものです。文中の（　あ　）〜（　う　）にあてはまる整数をそれぞれ答えましょう。

> グラフを見ると、本州は北海道のおよそ（　あ　）倍、北海道は九州のおよそ（　い　）倍、九州は四国のおよそ（　う　）倍の大きさであることがわかる。

□問4　次の文は、前のグラフ3を読み取ったものです。文中の（　あ　）にあてはまる国の名と（　い　）にあてはまる数字をそれぞれ答えましょう。ただし、（　い　）は100の倍数で答えること。

> 日本の自動車生産台数は、かつて世界第1位であったが、現在は（　あ　）・アメリカに次いで世界第3位である。2020年の日本の自動車生産台数はおよそ（　い　）万台である。

□問5　次の文は、前のグラフ4を読み取ったものです。文中の（　あ　）〜（　え　）にあてはまることばをそれぞれ答えましょう。

> 1960年には（　あ　）のしめる割合がもっとも高かったが、その後（　い　）のしめる割合がもっとも高くなった。また、（　う　）のしめる割合はへり続け、天然ガスや（　え　）のしめる割合はふえたが、2019年には（　え　）のしめる割合が大きくへった。

レベル B 問題演習　日能研正答率 80% ～ 50%

次のグラフを見て、あとの各問いに答えましょう。

→ 解答は87ページ

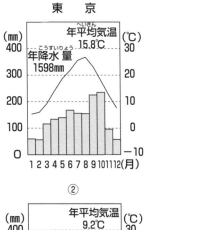
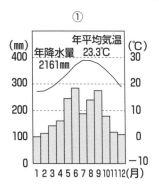

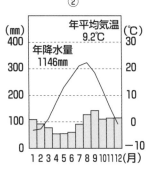
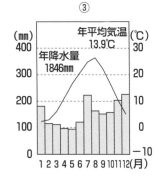

□**問1**　上のグラフについて説明した次の文中の（　あ　）・（　い　）にあてはまることばをそれぞれ答えましょう。

> 上のグラフのように、気温と降水量をあらわしたグラフを雨温図といいます。このグラフでは、気温は（　あ　）グラフで、降水量は（　い　）グラフであらわされています。

問2　東京のグラフについて、(1)・(2)の問いに答えましょう。

□(1)　東京のもっとも平均気温が高い月と、もっとも平均気温が低い月では、およそ何度の差がありますか。もっとも近いものを下から選び、記号で答えましょう。

　ア　10℃　　　　イ　15℃　　　　ウ　20℃　　　　エ　25℃

□(2)　次の数値は、東京のある月の平均気温と降水量をしめしています。この数値は、何月のものですか。

> 平均気温　18.0℃　　降水量　234.8mm

レベル B　問題演習

□**問3**　前の①～③のグラフであらわされた気候の特色を下から選び、それぞれ記号で答えましょう。

　　ア　雪がたくさんふるので、冬の降水量が多くなっている。

　　イ　1年を通してあたたかく、降水量は少ない。

　　ウ　平均気温が20℃以上の月が8か月もあり、年間降水量も多い。

　　エ　1年を通して平均気温と降水量の変化がほとんどない。

　　オ　平均気温が0℃を下回る月があり、冬は寒くて夏もすずしい。

□**問4**　前の①～③のグラフがあらわしている都市の位置を下の地図中のア～ウから選び、それぞれ記号で答えましょう。

要点ピックアップ

1 沖縄の気候

①**気温** 1月や2月でも平均気温が17℃あり、平均気温が20℃以上の月が8か月もある。

②**降水量** 5月・6月は梅雨のため、8月・9月は台風のため降水量が多い。

2 沖縄のくらし

①**農業** 大きな川がないので、水田は少ない。

あたたかい気候を利用した、さとうの原料となるさとうきびや、パイナップルの栽培のほか近年は温室を利用してゴーヤー、マンゴーなどもつくられている。

②**家のつくり** 台風の被害を防ぐために、昔は家のまわりを石垣でかこんだり、屋根のかわらをしっくいでぬりかためたりしていた。

③**戦争と沖縄** 太平洋戦争で戦場となり、戦後アメリカに占領された。1972年に日本に返されたが、今でもアメリカ軍の基地が残る。

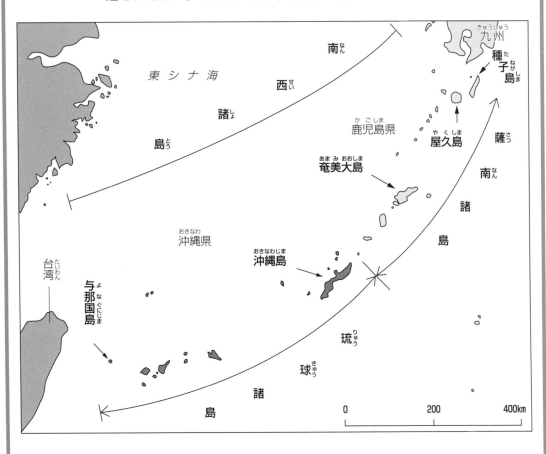

レベル A 問題演習

次の文章を読んで、あとの各問いに答えましょう。

→ 解答は87ページ

₁沖縄県は全国でもっとも南にあり、日本でもっとも西にある与那国島をふくむ県です。そして 1 年を通してあたたかいことや₂さまざまな自然災害にそなえた古い家や新しい家があることで知られています。また、この県の農業を見ると、農地の多くは畑であたたかい気候を生かした₃農作物がつくられています。

また、沖縄県は（　4　）戦争の時、戦場となったところです。その後戦争が終わってからも、外国に占領されていましたが、1972年に日本に返還されました。しかし返還されたあとも₅外国の基地が県の面積の10分の 1 近くをしめ、人々のくらしに大きな影響をあたえています。

地図

□問 1　文章中の下線部 1 について、沖縄島の正しい位置を上の地図中のア〜エから選び、記号で答えましょう。

問 2　文章中の下線部 2 について、⑴・⑵の問いに答えましょう。
　□⑴　次のア〜ウは、沖縄県の古い家に見られるくふうです。このうち、台風から家を守るためのくふうとしてあやまっているものを選び、記号で答えましょう。
　　ア　家のまわりを石がきや樹木でかこんでいる。
　　イ　家の戸やまどを大きくとっている。
　　ウ　屋根がわらをしっくいでとめている。

□(2) 沖縄県のあたらしい家には、屋根の上にタンクがおかれています。その理由として
　　ふさわしいものを下から選び、記号で答えましょう。
　　ア　水不足にそなえるため。
　　イ　火事を消すため。
　　ウ　農業用水に使うため。
　　エ　石油を入れるため。

□**問3**　文章中の下線部3について、次の①・②の文は沖縄県の特産物をのべたものです。そ
　　れぞれの文にあたるものを答えましょう。
　　①　やせた土地でも栽培できるくだもので、かんづめやジュースの原料にもなってい
　　ます。
　　②　1月から3月にかけて収穫され、おもに製糖工場に運ばれます。

□**問4**　文章中の（　4　）にあてはまる戦争の名を答えましょう。

　問5　文章中の下線部5について、(1)・(2)の問いに答えましょう。
　□(1)　沖縄県に基地をおいている外国の名を答えましょう。
　□(2)　この影響としてあやまっているものを下から選び、記号で答えましょう。
　　ア　多くの農地が基地のために利用され、農業に適した土地が少ない。
　　イ　基地のある町をむすぶ鉄道が軍専用となって、不便になった。
　　ウ　基地の近くに住む人々は、軍の飛行機の騒音に苦しんでいる。

レベル **B** 問題演習

日能研
正答率 80% ～ 50%

次の地図にしめしたように、九州の南から外国の島である台湾^{たいわん}のすぐ手前までつらなっている島々^{しまじま}を南西諸島^{なんせいしょとう}といいます。地図を見ながら、南西諸島について、あとの各^{かく}問いに答えましょう。

→ 解答は88ページ

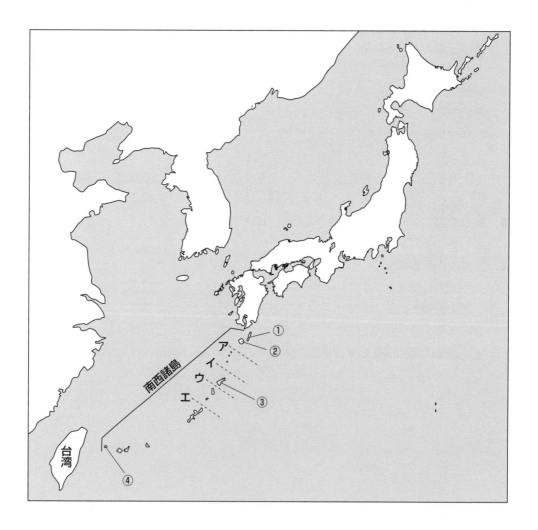

□**問1**　南西諸島の広がりは、次のア～エのどれと同じくらいのきょりになりますか。もっとも近いものを選^{えら}び、記号で答えましょう。

ア　東京から高知^{こうち}まで
イ　青森^{あおもり}から長崎^{ながさき}まで
ウ　新潟^{にいがた}から大阪^{おおさか}まで
エ　札幌^{さっぽろ}から名古屋^{なごや}まで

問2 南西諸島の島々について、(1)・(2)の問いに答えましょう。

□(1) 南西諸島は2つの県にまたがっています。ひとつは沖縄県ですが、もうひとつは何県ですか。また、その県と沖縄県の県境を地図中のア〜エから選び、記号で答えましょう。

□(2) 次の①〜④の文は、地図中の①〜④の島について説明したものです。文と地図を参考にして、①〜④の島の名をあとのア〜カから選び、それぞれ記号で答えましょう。

①　この島は、日本ではじめて鉄砲が伝わったことで知られています。

②　この島は、古いすぎの木があることで知られ、世界遺産に登録されています。

③　この島では、「つむぎ」とよばれる絹織物が古くからつくられています。

④　この島は、日本でもっとも西に位置する島です。

ア　屋久島　　　　イ　択捉島　　　ウ　与那国島

エ　種子島　　　　オ　佐渡島　　　カ　奄美大島

□**問3** 南西諸島から西に120kmほど行くと、外国の島である台湾につきます。また、南へ350kmほど行くと、　　　　　　につきます。

　　　　　　にあてはまる国の名を下から選び、記号で答えましょう。

ア　韓国　　　　イ　フィリピン　　　ウ　香港　　　　エ　オーストラリア

問4　次の3つの雨温図は、那覇・東京・マニラの月別の平均気温と降水量をあらわしたものです。これを見て、あとの(1)〜(3)の問いに答えましょう。

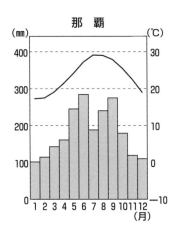
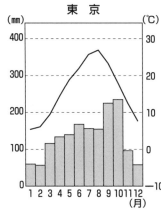
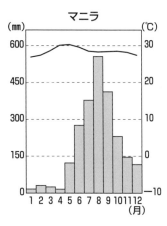

レベル B 問題演習

□(1) 那覇の雨温図を読み取った次の文の（ あ ）～（ え ）にあてはまる数字をあとのア～クから選び、それぞれ記号で答えましょう。

> 那覇の月ごとの平均気温を見ると、もっとも低い月でも（ あ ）℃あり、20℃をこえる月が（ い ）か月あります。1年間の平均気温は（ う ）℃になります。また、1年間の降水量を合計すると、およそ（ え ）mmになります。

ア 5 **イ** 8 **ウ** 17 **エ** 23 **オ** 28
カ 1000 **キ** 2000 **ク** 3000

□(2) 那覇の気候を東京やマニラとくらべた次の①～③の文のうち、正しいものには○、まちがっているものには×と答えましょう。

① 那覇の冬の気温は、東京の春や秋の気温とだいたい同じくらいである。

② 那覇の冬の降水量は、マニラの冬の降水量とだいたい同じくらいである。

③ 那覇の夏の気温は、マニラの1年間の平均気温とだいたい同じくらいである。

□(3) 那覇の気候についてのべた次のア～ウの文のうち、正しいものを選び、記号で答えましょう。

ア 那覇の気候は、東京と同じように四季の区別がはっきりした温帯の気候である。

イ 那覇の気候は、マニラと同じように1年を通して気温が高い熱帯の気候である。

ウ 那覇の気候は、熱帯と温帯の中間で、熱帯に似た特色をもつ亜熱帯の気候である。

□問5 問4の那覇の雨温図を見ると、5月・6月と8月・9月に降水量が多くなっています。それぞれの時期に降水量が多いのは、5月・6月が あ 、8月・9月が い の影響によるものです。

あ ・ い にあてはまることばをそれぞれ答えましょう。

第 **9** 回 寒い地方のくらし

要点ピックアップ

1 北海道の気候

①**気温** 12月から3月まで、月の平均気温が0℃以下のところが多い。

②**降水量** 梅雨の影響がなく、台風が来ることもあまりないので、1年を通して降水量の少ないところが多い。

③**霧の発生** 北海道南東部（釧路、根室など）では、夏になると濃霧が発生して、気温が上がらないことがある。霧は、南東からふいてくるあたたかいしめった風が、千島海流の上で冷やされて発生する。

2 北海道の農業

①**稲作** 札幌市のある石狩平野や、旭川市のある上川盆地でさかんである。

②**畑作** 帯広市のある十勝平野でさかんである。十勝平野は火山灰地なので、稲作に向かない。じゃがいも・豆類・てんさい（さとうの原料）などの生産が多い。

③**酪農** 乳牛を飼って、牛乳や乳製品を生産する農業。
根釧台地にパイロットファームとよばれる農場がつくられた。

3 北海道の漁業

①**漁場** オホーツク海や太平洋で、サケ・タラなどをとる。ホタテやコンブの養殖もさかん。

②**北方領土** 日本はロシアに対して、択捉島・国後島・色丹島・歯舞群島の返還を求めている。

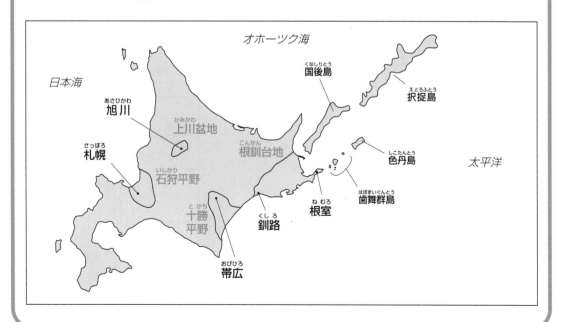

 問題演習

日能研
正答率　100%　〜　80%

 次の文章を読んで、あとの各問いに答えましょう。

　北海道にある都市の中でも特に根室市は、₁ある季節になるとたびたび、濃い霧におおわれることで知られています。また、この根室市をふくむ一帯には、₂酪農がさかんな（　　　　）台地があります。

　₃根室市の近くの海は豊かな漁場となっています。しかし、北方領土の周辺の海では、自由に魚をとることができません。これは、₄北方領土が現在も外国に占領されたままになっていることや（　5　）カイリ水域が定められたことなどがあげられます。特に根室市の人々は北方領土の日本への返還を強くのぞんでいます。

地図

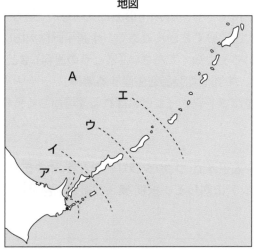

問1　文章中の下線部1について、右のグラフは根室市の月別の霧の発生する日数と日照時間をあらわしたものです。このグラフを見て、(1)〜(3)の問いに答えましょう。

□(1)　グラフを参考にして霧がもっとも多く発生する季節を漢字1字で答えましょう。

□(2)　5月から10月にかけて霧が発生すると、日照時間はどうなりますか。グラフを参考にして説明しましょう。

霧の発生する日数と日照時間

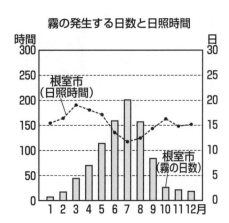

□(3)　次の文は、根室市やその周辺地域をおおう霧が発生する理由についてのべたものです。文中の　A　にあてはまる方角を8方位で答えましょう。また、　B　にあてはまる海流の名を答えましょう。

●　A　からふいてくるあたたかくてしめった風が、根室市の沖合を流れる寒流の　B　海流の上で冷やされることで霧が発生する。

問2　文章中の下線部2について、(1)・(2)の問いに答えましょう。

□(1)　酪農の中心となっている家畜の種類としてふさわしいものを下から選び、記号で答えましょう。

ア　肉牛　　　　イ　ぶた　　　　ウ　にわとり　　　エ　乳牛

□(2)　（　　　　）にあてはまる台地の名を答えましょう。また、この台地で酪農がさかんになるきっかけとして1955年ごろ、この台地に国が実験農場をつくったことがあげられます。この実験農場を何といいますか。

問3　文章中の下線部3について、根室市にある漁港からは、多くの漁船が北海道の北に広がる前の地図中のAの海へ漁に行きます。この海の名を答えましょう。

問4　文章中の下線部4について、(1)～(3)の問いに答えましょう。

□(1)　北方領土としてまちがっているものを下から選び、記号で答えましょう。
ア　国後島　　　　イ　淡路島　　　　ウ　歯舞群島
エ　択捉島　　　　オ　色丹島

□(2)　北方領土を占領している国の現在の名を答えましょう。

□(3)　日本政府が主張する(2)で答えた国との境（国境線）として正しいものを前の地図中のア～エから選び、記号で答えましょう。

問5　文章中の（　5　）にあてはまる数字を答えましょう。

レベル **B** 問題演習

日能研
正答率 80% 〜 50%

◆ 次のA〜Dの文は、あとの地図中のA〜Dの都市について説明(せつめい)したものです。これを
読んで、あとの各問(かく)いに答えましょう。 → 解答は88ページ

A 根室市(ねむろ)は1年を通して気温(ひく)が低いところです。釧路市(くしろ)から根室市にかけて広がる₁（ あ ）
台地(らくのう)では酪農がさかんにおこなわれています。

B 道庁(どうちょう)がある（ い ）市は、北海道(ほっかいどう)の政治(せいじ)・経済(けいざい)の中心地です。毎年、冬になると雪まつ
りがおこなわれることで有名です。₂乳製品(にゅうせいひん)やビールなどを生産(せいさん)する食料品工業(しょくりょうひん)がさかん
におこなわれています。

C 日高山脈(さんみゃく)の東側に広がる（ う ）平野(いち)に位置する帯広市(おびひろ)は、□□□□が広がっているた
め、₃畑作がさかんにおこなわれています。

D （ え ）盆地(ぼんち)に位置する旭川市(あさひかわ)には、北海道でもっとも長い（ お ）川(がわ)が流れています。
気温が低く、泥炭地(でいたんち)が広がる地域(ちいき)でありながら、さまざまなくふうによって米づくりがおこ
なわれています。

□**問1** A〜Dの文中の（ あ ）〜（ お ）にあてはまる地名を下から選び(えら)、それぞれ記号
で答えましょう。
ア 札幌(さっぽろ) **イ** 上川(かみかわ) **ウ** 石狩(いしかり) **エ** 十勝(とかち) **オ** 根釧(こんせん)

問2 下線部1について、(1)・(2)の問いに答えましょう。
□(1) この台地で酪農がさかんになったのは、1955年から国の計画によって実験農場(じっけん)がつ
くられたからです。この実験農場を何といいますか。カタカナで答えましょう。

□(2) 次の表は、この地域のある酪農家の一日をしめしています。この表を読み取ったものとしてふさわしくないものをあとのア〜エから選び、記号で答えましょう。

酪農家の一日

ア 放牧は夏の間だけおこなわれている。

イ 乳しぼりは夏も冬もおこなわれている。

ウ 冬より夏のほうが、牧草のかりとりなどでいそがしい。

エ 冬より夏のほうが、えさやりの回数が多い。

□問3 下線部2について、乳牛を飼って牛乳から乳製品がつくられます。この乳製品にはあてはまらないものを下から選び、記号で答えましょう。

ア チーズ　　　イ バター　　　ウ 豆腐　　　エ ヨーグルト

□問4 Cの文中の［　　　　］にあてはまる土地のようすを下から選び、記号で答えましょう。

ア 火山灰が積もった土地

イ 水もちがよい土地

ウ 塩分を多くふくんだ土地

問5 下線部3について、(1)〜(3)の問いに答えましょう。

□(1) 畑をあらわす地図記号をかきましょう。

□(2) この地域でつくられている畑作物としてふさわしいものを下から選び、記号で答えましょう。

ア じゃがいも　　　イ パイナップル　　　ウ さとうきび

レベル B 問題演習

□(3) (2)以外に、この地域でつくられる畑作物に「てんさい」があります。漢字では「甜菜」と書き、「甜」という字は「舌」と「甘い」という字が組み合わされてできています。このことから、「てんさい」という作物は何の原料になると考えられますか。下から選び、記号で答えましょう。

ア たばこ　　　イ ビール　　　ウ さとう　　　エ 茶

□問6　北海道の気候は、地域によってちがいがあります。前のA・B・Dの文で説明されている都市の雨温図としてふさわしいものを下から選び、それぞれ記号で答えましょう。

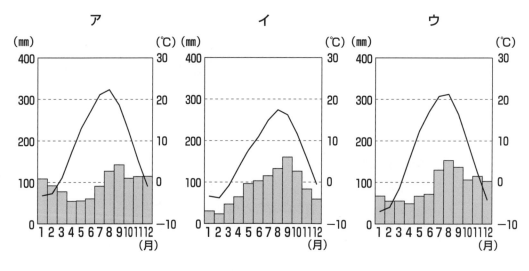

第10回 雪が多い地方のくらし

要点ピックアップ

1 北陸地方

①**北陸地方とは** 中部地方の日本海側にある新潟県・富山県・石川県・福井県の4県。

②**雪が多い理由** 冬に北西から季節風→日本海（対馬海流）の上で季節風がしめり気をおびる→日本列島中央部の山に季節風がぶつかる→雲ができる

夏と冬の風向き・降水量のちがい

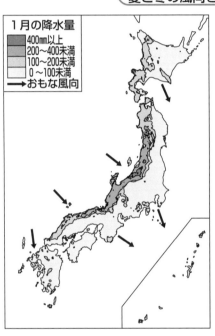

1月の降水量
- 400mm以上
- 200～400未満
- 100～200未満
- 0～100未満
- → おもな風向

8月の降水量
- 400mm以上
- 200～400未満
- 100～200未満
- 0～100未満
- → おもな風向

2 北陸地方の農業

①**稲作** 冬は雪が積もって農業ができないので、夏の米づくりに全力を入れる。

②**米の生産量の順位** 1位新潟県、2位北海道、3位秋田県（2020年産）。

3 雪国のくらし

①**家のくふう** 家のまわりに雪がこいをしたり、屋根に雪どめをつけたりする。

家のひさしをはり出して、その下を人が通れるようにする（がん木）。

②**道路のくふう** 道路にふった雪を地下水でとかす（消雪パイプ）。

雪を川に流すためのみぞ（流雪溝）をつくる。

信号機の表示灯を縦に配置する。

③**除雪作業** 家の屋根に積もった雪をおろす（雪おろし）。

ラッセル車やロータリー車で線路の雪をどける。

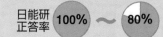

 次の文章は、雪の多い地方についてのべたものです。この文章と地図について、あと
の各問いに答えましょう。

→ 解答は88・89ページ

　日本海にそった₁信越地域の山ぞいは、雪が深いことで有
名です。なかでも、飯山・十日町・小千谷・長岡の各市をむ
すぶ[　2　]川ぞいの地域や、温泉とスキーを楽しむ人々で
にぎわう上越新幹線ぞいの地域は、「雪国」として知られて
います。

　11月の中ごろになると、山では雪がふり始めます。この
（　あ　）はたいてい消えますが、やがて雪はふり積もり、
（　い　）になります。そして、₃人々の雪の中でのくらしが
3月ごろまでつづきます。

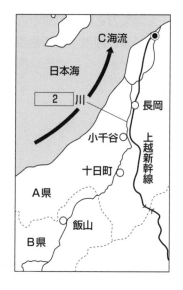

問1　文章中の下線部1について、(1)～(3)の問いに答えましょう。

　□(1)　地図中のＡ・Ｂにあてはまる県の名をそれぞれ答えましょう。

　□(2)　地図中の●は、Ａ県の県庁所在都市をしめしたものです。この都市の1年間の降
水量のようすをあらわしたグラフを下から選び、記号で答えましょう。

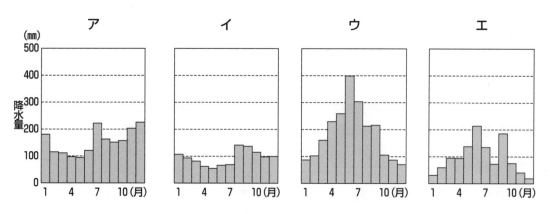

　□(3)　地図中のＣ海流は、信越地域に多くの雪をふらせる原因となる海流です。この海流
の名を答えましょう。

□**問2**　文章中の[　2　]にあてはまる川の名を答えましょう。ただし、文章中の[　2　]と
地図中の[　2　]には同じ川の名があてはまります。

□**問3** 文章中の（ あ ）・（ い ）にあてはまることばを下から選び、それぞれ記号で答えましょう。

　　ア　根雪　　　　イ　小雪　　　　ウ　残雪_{ざんせつ}　　　エ　初雪_{はつゆき}

問4　文章中の下線部3について、⑴〜⑷の問いに答えましょう。

□⑴　雪の多い地方に住む人々は、雪の重みで家がいたんだり、つぶれたりするのを防ぐため、屋根から雪を取りのぞく作業をします。この作業を何といいますか。ひらがな5字で答えましょう。

⑵　雪の多い地方の家のつくりとくふうについて、①・②の問いに答えましょう。

　□①　下の絵は、家のつくりをえがいたものです。絵の中のA〜Dにあてはまるものをあとのア〜エから選び、それぞれ記号で答えましょう。

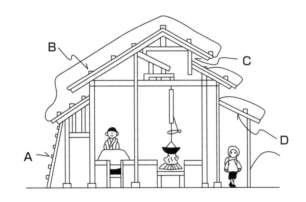

　　ア　雪どめ　　　　イ　雪がこい　　　　ウ　がん木　　　　エ　明かりまど

　□②　家のつくりの工夫としてあてはまらないものを下から選び、記号で答えましょう。

　　ア　太い柱やはりを使い、家が雪の重さにたえられるようにしている。

　　イ　何メートルも積もる雪にそなえて、家の土台を低くし、まわりを石がきでかこんでいる。

　　ウ　屋根に水を流すためのパイプをとりつけて、雪をとかすようにしている。

レベル A 問題演習

□(3)　道路や鉄道を雪から守るくふうとしてあてはまらないものを下から選び、記号で答えましょう。

ア　ブルドーザーやロータリー車がよせ集めた雪は、ダンプカーで運んだり、流雪溝に流したりする。

イ　消雪パイプがうめこまれた道路では、パイプから地下水を流して雪をとかしている。

ウ　山間部では、なだれどめのさく、防雪林、雪よけのトンネルなどで鉄道を守っている。

エ　線路に積もった雪は、列車に取りつけたスプリンクラーによって消雪している。

□(4)　人々の雪の中でのくらしとしてあてはまらないものを下から選び、記号で答えましょう。

ア　昔から家の中で、わらを使っていろいろなものをつくってきた。

イ　家にはたおり機をおいて、おりもの工場の下うけの仕事をする人もいる。

ウ　農家は、冬の間もビニールハウスを利用して、米づくりをおこなっている。

エ　スキー場の近くでは、スキー客のために民宿を営む農家もある。

□**問5**　冬の間、雪国の人々を苦しめてきた雪は、あたたかい季節になるととけて人々にとって大切な水になります。そのため、雪は天然の（　　　）とよばれます。

（　　　）にあてはまることばをカタカナ2字で答えましょう。

レベル**B**　問題演習　日能研 正答率 **80%** 〜 **50%**

◆　次の文章を読んで、あとの各問いに答えましょう。

→　解答は89ページ

右の地図でしめした A 県の平野部には、冬に（　1　）海流の上でしめり気をおびた（　2　）の風によって大量の（　3　）がもたらされます。そのため、冬になると農作物をつくることができず、江戸時代、この地域の農民たちは、冬になると薬を売りに全国各地へとでかけていきました。

しかし、今から100年ぐらい前から、A 県の平野で（　4　）づくりが冬の間におこなわれるようになりました。現在では、（　4　）は A 県の特産品として有名になっています。

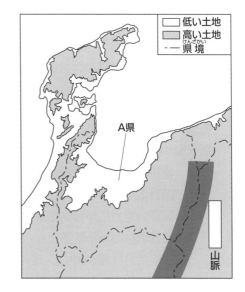

□**問1**　文章中の（　1　）にあてはまる海流の名を漢字で答えましょう。

□**問2**　文章中の（　2　）にあてはまる方位を 8 方位で答えましょう。

□**問3**　文章中の（　3　）にあてはまることばを漢字 1 字で答えましょう。

□**問4**　上の地図を見るとわかるように、ここの平野部は東・南・西の三方を山にかこまれています。三方をかこんでいる山々のうち、A 県の東側の県境となっている、地図中の□□□□山脈の名を答えましょう。

□**問5**　文章中の（　4　）にあてはまるものを下から選び、記号で答えましょう。
　　ア　ビニールハウスの野菜　　**イ**　チューリップの球根　　**ウ**　くだもののりんご

□**問6**　右のア〜ウのグラフは A 県と中部地方の山梨県と静岡県の耕地利用の割合をしめしたものです。このうち、地図中の A 県のグラフを選び、記号で答えましょう。

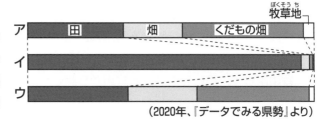

（2020年、『データでみる県勢』より）

第11回

雨が少ない地方のくらし

 要点ピックアップ

1 瀬戸内地方

①**瀬戸内海**　中国地方と四国地方にはさまれた海。

②**瀬戸内地方とは**　岡山県・広島県・山口県（中国地方）、香川県・愛媛県（四国地方）の瀬戸内海に面した地域を瀬戸内地方という。

2 瀬戸内地方の気候

①**気温**　日本の中でも南のほうに位置するので、1年を通じてひかく的あたたかい。

②**降水量**　1年を通じて少ない。

　夏　南東のしめった季節風が四国山地にぶつかる
　　　↓
　　　南四国に雨
　　　↓
　　　瀬戸内地方にかわいた風

　冬　北西のしめった季節風が中国山地にぶつかる
　　　↓
　　　山陰地方に雪や雨
　　　↓
　　　瀬戸内地方にかわいた風

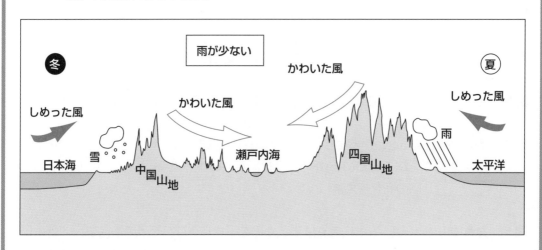

3 讃岐平野のくらし

①**干害**　雨がふらない日が続き、田畑の農作物がかれてしまう。

②**讃岐平野**　瀬戸内海に面する香川県にある平野。
　　　　　　　大きな川がなく、昔から水不足になやむ。 ──→ ため池をつくって水をためる。

③**香川用水**　徳島県を流れる吉野川から讃岐平野まで水を引く、約100kmの用水。

レベル **A** 問題演習

◆ 瀬戸内地方とまわりの地形や気候について、下の地図を見ながらあとの各問いに答え
ましょう。

→ 解答は89ページ

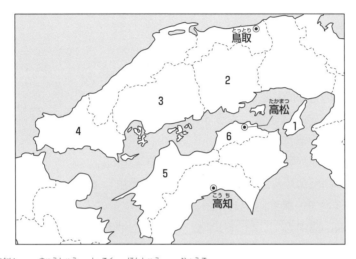

問1 瀬戸内海は、九州・四国・本州と、兵庫県にふくまれる地図中の1の島にかこま
れています。このことについて、(1)・(2)の問いに答えましょう。

□(1) 地図中の1の島の名を答えましょう。

□(2) 瀬戸内海に面する、地図中の2～6の県の名をそれぞれ答えましょう。

問2 瀬戸内海に面した地域の気候について説明した次の文章を読み、あとの(1)・(2)の問い
に答えましょう。

● 瀬戸内海に面した地域は、海に面しているため、海に面していない地方にくらべて
（　　　　　　　　　　　）という特色があります。これは、水は陸地にくらべてあた
たまりにくく、冷めにくいという性質があるからです。また、瀬戸内地方の降水量
のようすには、山陰地方や四国南部の降水量のようすと大きくことなった特色が見ら
れます。これは、たとえば夏になると、下の図のような現象が中国・四国地方でお
こっているからです。

夏の中国・四国地方のようす

➡ しめった風
⇨ かわいた風

南東からの風

鳥取　　　　　高松　　　雲　雨
　　1 山地　　　　　2 山地　　高知

レベル A 問題演習

□(1)　前の文章中の（　　　　　　　　　　　）にあてはまる文を下から選び、記号で答えましょう。

　　ア　1年を通して気温が低くなる

　　イ　夏と冬の気温の差が大きくなる

　　ウ　1年を通して気温の差が小さくなる

(2)　文章中の下線部について、①〜⑤の問いに答えましょう。

　　□①　山陰地方が面している海の名を答えましょう。

　　□②　山陰地方の降水量のようすと関係の深い、山陰地方の沖合を流れる海流の名を答えましょう。

　　□③　四国南部が面している海の名を答えましょう。

　　□④　四国南部の沖合を流れる海流の名を答えましょう。

　　□⑤　山陰地方・瀬戸内地方・四国南部の降水量のようすがちがってくることと関係の深い図中の　　1　　山地と　　2　　山地の名をそれぞれ答えましょう。

□問3　前の地図中の鳥取・高松・高知の雨温図を下のア〜エから選び、それぞれ記号で答えましょう。また、鳥取・高松・高知の雨温図を選ぶときに着目すべき点をあとのカ〜ケから選び、それぞれ記号で答えましょう。

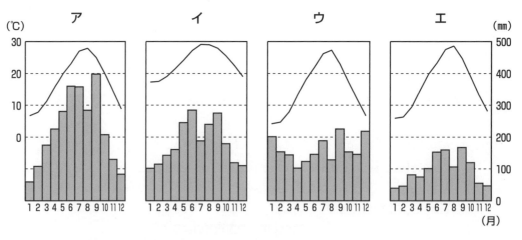

カ　冬にくらべて、夏の降水量がとても多い点。

キ　ほかの雨温図にくらべて冬の降水量がとても多い点。

ク　月別の平均気温が1年を通して15℃以下になることがない点。

ケ　ほかの雨温図にくらべて降水量が年間を通してとても少ない点。

レベル **B** 問題演習
日能研
正答率 80% ～ 50%

◆ 次の文章と地図1を参考にして、あとの各問いに答えましょう。

→ 解答は89ページ

　地図1でしめした平野は、雨がふらない日が続くことが多い場所にあります。しかし、₁古くからこの平野の田畑でつくられる農作物の中心は、水を大量に必要とする作物でした。そのため、人々は1000年以上も昔から₂ため池をたくさんつくって水不足にそなえてきましたが、農作物がかれてしまう干害の心配はなかなかなくなりませんでした。しかし、現在は、山脈の南側にある川から用水路が引かれ、干害の心配はへりました。

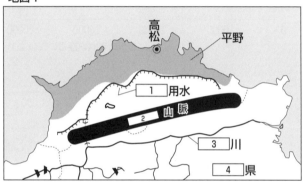
地図1

□**問1**　地図1中でしめした平野がある県の説明としてふさわしくないものを下から選び、記号で答えましょう。
　ア　全国の都道府県の中で、面積がもっともせまい。
　イ　中国・四国地方の中で人口がもっとも少ない。
　ウ　県名と県庁所在都市の名がちがう。

□**問2**　地図1中にしめした平野の名を答えましょう。

□**問3**　文章中の下線部1について、右のグラフ1は、地図1中にしめした平野がある県でつくられている農作物を稲・野菜・くだものの3種類に分けてしめしています。グラフ1中から稲が植えられている面積をしめしているものを選び、記号で答えましょう。

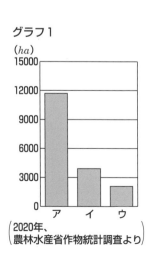
グラフ1
(ha)
(2020年、
農林水産省作物統計調査より)

レベル B 問題演習

□**問4** 前の文章中の下線部2について、下のグラフ2は、下の地図2中の①～③の地域のため池の数をくらべたものです。グラフ2中から、地図1中でしめした平野をふくむ地域のため池の数をしめしているものを選び、記号で答えましょう。

グラフ2

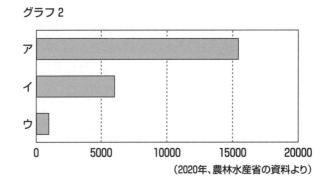

(2020年、農林水産省の資料より)

地図2

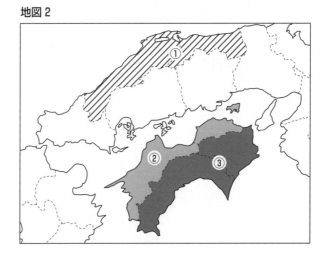

□**問5** 前の地図1中にしめした ［ 1 ］～［ 4 ］ の地名をそれぞれ答えましょう。

第 **12** 回 高地のくらし

要点ピックアップ

1 中央高地

①**位置** 中部地方の中央部。長野県・岐阜県・山梨県の、海に面していない3県をさす。

飛騨山脈・木曽山脈・赤石山脈の「日本アルプス」がある。

②**気候** 標高が高いので、気温が低い。

陸地はあたたまりやすく冷めやすいので、夏と冬の気温差が大きい。

まわりを山にかこまれているので季節風の影響を受けにくく、降水量が少ない。

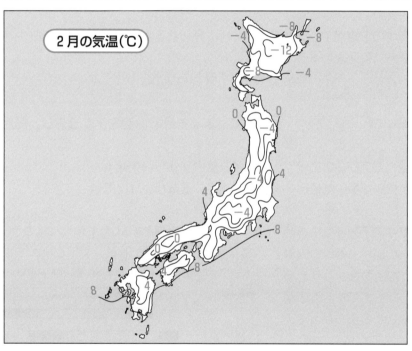

2月の気温（℃）

③**諏訪盆地（長野県中央部）のくらし**

○**昔の産業** 昔は養蚕がさかんで、農家は蚕を飼って、まゆを生産していた。

まゆから生糸を作る製糸工場がたくさんあった。

○**今の産業** デジタルカメラなどを作る情報通信機械器具（精密機械工業）がさか

んである。

2 嬬恋村のくらし

①**位置** 群馬県北西部。浅間山のふもとの標高700〜1400mの高原。

②**農業** キャベツづくりがさかん。ふつうキャベツは春や秋につくるが、嬬恋村では夏の

すずしい気候を利用して、夏でもつくっている。時期はずれに出荷できるので、

高く売れる。

レベル A 問題演習

◆ 次の文章を読んで、あとの各問いに答えましょう。

→ 解答は90ページ

　利根川の上流にある嬬恋村は、浅間山の北側に広がる台地にあります。₁このあたりは、水もちの悪い土地のため、米づくりにはむいていません。そこで村の人々は、この土地の性質や　　2　　を利用して、₃出荷時期をずらしたキャベツづくりをおこなうようになりました。

☐**問1**　嬬恋村がある県の名を答えましょう。

☐**問2**　文章中の下線部1について、嬬恋村に見られる土地としてふさわしいものを下から選び、記号で答えましょう。
　　ア 砂丘　　　　**イ** ねん土　　　**ウ** 火山灰地

☐**問3**　文章中の　　2　　にあてはまる気候の特色を下から選び、記号で答えましょう。
　　ア 夏、湿気が多い気候　　　　**イ** 夏のすずしい気候
　　ウ 冬に雨が多い気候　　　　　**エ** 冬、湿気が少ない気候

☐**問4**　文章中の下線部3について、右の図は、嬬恋村のキャベツづくりのようすをあらわしたものです。この図の説明としてまちがっているものを下から2つ選び、記号で答えましょう。

時期をずらしたキャベツづくり

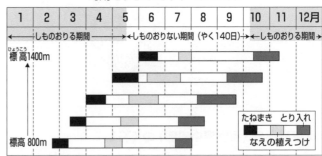

　　ア たねまきは、2月から6月にかけておこなわれている。
　　イ なえの植えつけは、9月から10月にかけておこなわれている。
　　ウ 最後のとり入れが終わるのは11月中である。
　　エ キャベツづくりは、しものおりる期間をさけておこなわれている。
　　オ キャベツづくりは、標高の低い畑から標高の高い畑へと順におこなわれている。

☐**問5**　嬬恋村では、キャベツをつくる時期をほかの産地よりもずらして、市場に出荷しています。このように時期をずらして出荷する場合の良い点を「ねだん」ということばを使って答えましょう。

 **レベル B** 問題演習　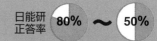 日能研正答率 80% ～ 50%

　諏訪盆地について、あとの各問いに答えましょう。

→ 解答は90ページ

　長野県の諏訪盆地は日本一高い場所にある盆地で、ここは（　1　）かつてこの盆地には、₂蚕を飼う農家がたくさんありました。特に明治時代から大正時代にかけては農家からまゆを買って（　3　）を生産する大小の₄製糸工場がたくさん建てられていました。
　しかし昭和時代に入ると、（　5　）や不景気が続いたことなどによって（　3　）のねだんが大きく下がり、製糸工場の経営はとても苦しくなりました。
　その後世界中をまきこんだ大きな戦争が始まると、₆この戦争の影響によってほとんどの製糸工場は生産を中止しました。ところがこの戦争がはげしくなると、東京や大阪などの大都市にあった工場が戦争による被害をのがれて諏訪盆地にうつってくるようになりました。そして戦争が終わっても、これらの工場はこの盆地で生産を続けたことで、₇精密機械工業がたいへん発達しました。

□**問1**　右の雨温図は、諏訪盆地の月別の平均気温と降水量をあらわしたものです。この雨温図を参考にして文章中の（　1　）にあてはまる文を下から選び、記号で答えましょう。

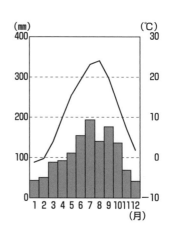

　ア　1年を通してあたたかく、雨は冬に多くふるところです。
　イ　夏はかなり高温になり、1年を通して雨が多いところです。
　ウ　冬の寒さがきびしく、夏はすずしいところです。

□**問2**　文章中の下線部2について、蚕を飼っている農家では、蚕のえさになるくわの葉をえるためのくわ畑をつくっていました。このくわ畑の地図記号として正しいものを下から選び、記号で答えましょう。

　　　ア　　　　　　　　**イ**　　　　　　　　**ウ**

□**問3**　文章中の（　3　）にあてはまるものを下から選び、記号で答えましょう。ただし、文章中の同じ番号には、同じものがあてはまります。
　ア　綿　　　**イ**　生糸　　　**ウ**　麻の糸

レベル B 問題演習

□**問4**　問3で答えたものは、昔も今も高級な織物を織るための糸として使われています。この織物としてふさわしいものを下から選び、記号で答えましょう。

　　ア　絹織物　　イ　綿織物　　ウ　毛織物

□**問5**　前の文章中の下線部4について、当時諏訪盆地にあった製糸工場には、岐阜県北部から野麦峠をこえてはたらきに来ていた人たちがいました。この人たちとしてふさわしいものを下から選び、記号で答えましょう。

　　ア　農家の若い女の人　　　　　　イ　林業ではたらいていた若い男の人
　　ウ　手先の器用なお年より

□**問6**　前の文章中の（　　　5　　　）にあてはまる文を下から選び、記号で答えましょう。

　　ア　化学せんいが広く使われるようになったこと
　　イ　人口がへり、製糸工場ではたらく人がほとんどいなくなったこと
　　ウ　日照りがつづき、製糸工場で使う水が足りなくなったこと

□**問7**　前の文章中の下線部6について、製糸工場での生産が中止された戦争の影響とは何ですか。ふさわしいものを下から選び、記号で答えましょう。

　　ア　外国に輸出できなくなったこと
　　イ　製糸工場ではたらく人たちが重い病気になったこと
　　ウ　この戦争で多くの人がなくなったこと

□**問8**　前の文章中の下線部7について、情報通信機械器具（精密機械工業）の説明としてふさわしいものを下から選び、記号で答えましょう。

　　ア　鉄鉱石をとかして、鉄の管や板などの製品をつくる工業
　　イ　石油からプラスチックや薬品などをつくる工業
　　ウ　小さな部品を組み立てて、デジタルカメラや携帯電話などをつくる工業

□**問9**　諏訪盆地の近くにある諏訪湖は、精密機械工場や住宅などで使い終わったよごれた水が湖に流れこみ、昔にくらべて湖の自然環境が悪くなったといわれています。諏訪湖の自然環境が悪くなったようすとしてふさわしいものを下から2つ選び、記号で答えましょう。

　　ア　湖からくさいにおいがただよい、特に夏はそのにおいがひどくなった。
　　イ　湖の水が少なくなり、飲み水や工場で使う水が足りなくなった。
　　ウ　湖の広さが年々せまくなったり、水深が浅くなったりした。
　　エ　湖にいる魚や貝が死んで、その数が少なくなった。
　　オ　湖の水温が高くなり、水中の水草がかれた。

第13回 低地のくらし

要点ピックアップ

1 利根川のようす

利根川は日本で2番目に長く、流域面積は日本でもっとも広い川である。

①**上流** ダムで水をためたり、水力発電をおこなったりしている。
②**中流** 渡良瀬川や鬼怒川などの支流が合流する。
③**下流** 低くて水の多い土地で、こう水の被害を受けてきた。

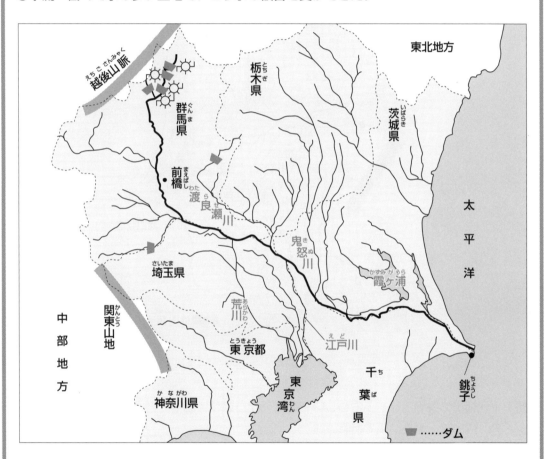

2 低地に住む人々のくらし

①**土地のようす** 利根川下流は、利根川や霞ヶ浦などの湖のほか、小さな川や沼も多い。このような水の多い低地を水郷という。

②**農業** 利根川下流の地域では、台風が来る9月ごろはこう水の被害に見まわれやすい。そのため、ほかの産地より早い時期に出荷する早場米の産地となっている。

69

レベル **A** 問題演習

日能研正答率 100% ～ 80%

次の地図は利根川とこの川のおもな支流をあらわしたものです。この地図を見て、あとの各問いに答えましょう。　　　　　　　　　　　　→ 解答は90ページ

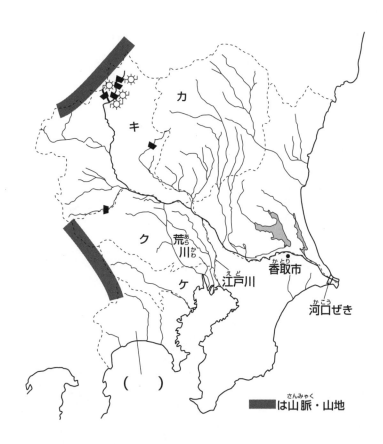

□**問1**　利根川の説明としてふさわしいものを下から選び、記号で答えましょう。

　ア　日本で一番長い川である。
　イ　日本で流域面積が一番広い川である。
　ウ　日本で一番高い場所を流れる川である。

□**問2**　利根川は（　1　）山脈から流れ出し、日本でもっとも広い（　2　）平野を通って（　3　）にそそいでいます。

　（　1　）～（　3　）にあてはまることばをそれぞれ答えましょう。ただし（　3　）には海の名があてはまります。

問3 利根川の水を利用している地図中の1都5県について、(1)～(5)の問いに答えましょう。

□(1) 利根川の上流には、▼のしるしであらわされた施設が多く見られます。この施設とは何ですか。カタカナ2字で答えましょう。

□(2) (1)で答えた施設には ☼ の地図記号もあります。これはどのような施設ですか。水ということばを使って答えましょう。

□(3) 利根川が海にそそぐ場所には河口ぜきが見られます。この河口ぜきのはたらきとしてふさわしいものを下から選び、記号で答えましょう。

　　ア　川の水をきれいにしてから海に流すはたらき

　　イ　海水が河口から上流へと逆流しないようにするはたらき

　　ウ　水不足にならないように川の水を地下にたくわえるはたらき

□(4) 次の①～③の文は、利根川の水を利用している地図中の都県についてのべたものです。それぞれの都県の名をあとのア～エから選び、記号で答えましょう。また、その位置を前の地図中のカ～ケから選び、それぞれ記号で答えましょう。

　　① 日本で一番人口が多く、商業や工業のほか交通の中心地でもある。
　　② 内陸県のひとつでこの県の北の県境にそって利根川が流れている。
　　③ 県庁所在都市の宇都宮の東部には、利根川の支流の鬼怒川が流れている。

　　ア 栃木県　　　**イ** 東京都　　　**ウ** 埼玉県　　　**エ** 群馬県

□(5) 利根川の水を利用していない、前の地図中の（　　　）にあてはまる県の名を答えましょう。

問4 地図中の利根川下流にある香取市についてのべた文を読んで、あとの(1)～(6)の問いに答えましょう。

　　1水郷で知られる香取市での米づくりの特色は、（　　2　　）に3ほかの産地よりも早い8月の終わりから9月の中ごろまでに米の取り入れをおこなっていることです。

　　また、かつて香取市の農家にとって水郷周辺での米づくりはたいへんなしごとでした。そこで土地の水はけをよくする工事がおこなわれました。この工事ではまず、（　あ　）を広げ、川底をさらいました。そしてこの工事であまった土で大小の沼をうめたてたり、土地を高くしたりしました。この結果、それまで（　い　）で行っていた水田へ（　う　）に乗って行き来できるようになりました。さらに田の水はけをよくしたことで農作業に（　え　）が使えるようになり、農作業もはかどるようになりました。

レベル A 問題演習

□(1)　香取市のまわりには利根川や日本で２番目に広い湖である（　　　　　）などがあ
ります。
（　　　　　）にあてはまる湖の名を答えましょう。また、この湖がある県の名を前
の地図を見て答えましょう。

□(2)　前の文中の下線部１について、水郷とは水が（　①　）、土地の高さが（　②　）
ところです。
（　①　）・（　②　）にあてはまることばをそれぞれ答えましょう。

□(3)　前の文中の（　　　２　　　）にあてはまる文を下から選び、記号で答えましょ
う。
　　ア　大量の雪が耕地にふり積もり、農作業ができなくなる前
　　イ　台風による強風で稲が倒れてしまう被害をさけるため
　　ウ　霜が降りて、稲がかれてしまう前

□(4)　前の文中の下線部３のようにしてつくられる米を何といいますか。漢字３字で答
えましょう。

□(5)　前の文中の（　あ　）〜（　え　）にあてはまることばを下から選び、それぞれ記
号で答えましょう。
　　ア　鉄道　　　　　イ　機械　　　　　ウ　小舟
　　エ　川幅　　　　　オ　自動車

□(6)　香取市がある県の名を前の地図を見て答えましょう。

レベル B 問題演習

◆ 次の地図1は江戸時代以前（今から約400年以上前）の関東地方の川をあらわしたものです。また、地図2は江戸時代の中ごろ（今から約300年前）の関東地方の川をあらわしたものです。この2つの地図を見て、あとの各問いに答えましょう。

→ 解答は91ページ

地図1　江戸時代以前の関東の川

地図2　江戸時代の中ごろの関東の川

□**問1** 地図1では、利根川は現在の（ 1 ）湾にそそいでいました。また地図2を見ると、利根川の流路はまず（ 2 ）につなげられ、さらに（ 3 ）につなげられたことがわかります。

（ 1 ）にあてはまる湾の名を答えましょう。また、（ 2 ）・（ 3 ）にあてはまる川の名を下から選び、それぞれ記号で答えましょう。

ア 相模川　　　イ 鬼怒川　　　ウ 那珂川　　　エ 渡良瀬川

□**問2** 利根川の流れをかえる工事がおこなわれた目的には、利根川が原因でおこる自然災害から地図1中の江戸をまもることでした。この自然災害を下のア～エから選び、記号で答えましょう。また、当時の江戸はどのような都市でしたか。下のカ～クから選び、記号で答えましょう。

ア こう水
イ 地震
ウ 山火事
エ 日照り
カ 日本最大の商業の町で、「天下の台所」とよばれていた。
キ 日本でもっとも人口が多い町であり、政治の中心地であった。
ク 日本の文化の中心地で、天皇の住まいがあった。

レベル B 問題演習

問3 利根川の流れがかわったことでいくつもの川が利根川とむすばれました。その結果、舟を使った輸送がさかんになり、大消費地の江戸には関東各地の都市でつくられた物が運ばれるようになりました。このことについて、(1)～(3)の問いに答えましょう。

□(1) 江戸川の流域にある野田からは大豆や小麦、食塩水を使ってつくられた食品が舟に積まれて江戸に運ばれました。この食品とは何ですか。下から選び、記号で答えましょう。

    ア しょうゆ　　**イ** 酒　　**ウ** す　　**エ** わさび

□(2) 利根川の河口にある銚子からは、干鰯とよばれる肥料が舟に積まれて、利根川をさかのぼり、途中で（　　　）を下って江戸に運ばれていました。

  （　　　）にあてはまる前の地図2中の川の名を答えましょう。

□(3) 野田と銚子の位置を前の地図2中のア～ウから選び、それぞれ記号で答えましょう。

□**問4** 江戸時代よりももっと前の時代にも、武田信玄という人が、今の山梨県を流れる釜無川の工事をおこないました。この人物が、釜無川につくったのは、下の絵であらわした「かすみ堤」とよばれる堤防です。この「かすみ堤」のはたらきとしてふさわしいものをあとから選び、記号で答えましょう。

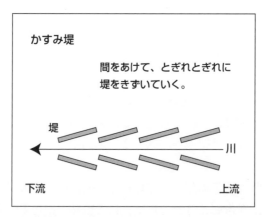

ア 大雨のときには大量の水が逆に流れて、川の外にあふれ出るようにしたもので、大雨がおさまると、あふれた水がまた川にもどるようにしたくふうである。

イ 大雨のときには、大量の水を堤でせきとめるようにし、川の水をできるだけ下流に流さないようにしたくふうである。

ウ 大雨のときには、大量の水が下流に流れないようにするために地下に水をたくわえておくようにしたくふうである。

第 14 回

水辺に住む人々のくらし

要点ピックアップ

1 三陸地方の人々のくらし

①**三陸海岸** 青森県・岩手県・宮城県の3県にまたがる、東北地方の太平洋側の海岸。昔、青森県を陸奥、岩手県を陸中、宮城県を陸前とよんだことから三陸と名づけられた。

②**気候** 夏に北東からふくやませという冷たい風の影響で、夏の気温があまり上がらず、農作物が育たないことがある。これを冷害という。

③**漁業** 三陸沖には、暖流の日本海流（黒潮）と寒流の千島海流（親潮）がぶつかる潮目があり、よい漁場となっている。

三陸海岸はリアス海岸なので、漁港がつくりやすい。

今は「とる漁業」のほか、かき・ほたて貝・わかめなどの養殖がおこなわれている。

④**津波** 津波がリアス海岸におしよせると、せまい入り江に一気に海水が流れこみ、大きな被害となる。

2 琵琶湖と人々のくらし

①**琵琶湖** 滋賀県の面積のほぼ6分の1をしめる、日本一面積の広い湖。

琵琶湖から淀川が流れ出し、大阪湾へそそいでいる。

②**琵琶湖のよごれ** 1970年代に、住宅や工場がふえてよごれた水が流れこみ、赤潮（プランクトンがふえすぎる害）が発生するなど、湖のよごれが目立つようになった。滋賀県では、合成洗剤を使わない決まりをつくるなどして、湖のよごれを防ぐ努力をしてきた。

順位	1位	2位	3位	4位	5位
湖の名	琵琶湖	霞ヶ浦	サロマ湖	猪苗代湖	中海
面積(㎢)	669	168	152	103	86
都道府県	滋賀県	茨城県	北海道	福島県	島根県
湖の形					

（「湖の形」の縮尺は同じではありません）

レベル **A** 問題演習　日能研正答率 100% 〜 80%

◆　次の文章を読んで、あとの各問いに答えましょう。

→ 解答は91ページ

東北地方の太平洋側は水産業がさかんです。その理由のひとつは、A三陸海岸の沖合にB暖流とC寒流がぶつかってできる（　1　）があり、魚のえさとなる（　2　）とよばれる小さな生物がたくさんいるため、よい漁場になっているからです。もうひとつの理由は、三陸海岸の宮古から南側は山がしずんでできたD（　3　）海岸で、多くの湾があり、漁港をつくりやすいからです。水あげされる魚は、さば、Eさんま、いか、いわしなど種類はさまざまです。また、（　3　）海岸を利用してF養殖もさかんにおこなわれています。

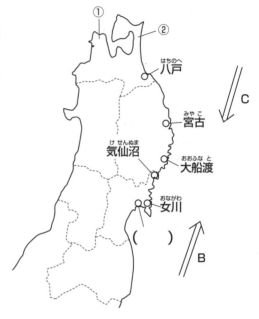

□**問1**　文章中の（　1　）〜（　3　）にあてはまることばをそれぞれ答えましょう。なお、（　2　）と（　3　）はカタカナで答えましょう。

□**問2**　文章中の下線部Aについて、三陸という地名と関係のないものを下から選び、記号で答えましょう。
　　ア　陸奥　　　イ　陸前　　　ウ　陸中　　　エ　陸後

□**問3**　文章中の下線部B・Cについて、上の地図中の暖流と寒流の名をそれぞれ答えましょう。

問4 文章中の下線部Dについて、この海岸は津波の被害を受けやすい地形です。

□(1) 津波のおもな原因は何ですか。下から選び、記号で答えましょう。

　　　ア 台風　　　**イ** 地震　　　**ウ** 大雨　　　**エ** 低気圧

□(2) この海岸が津波の被害を受けやすい理由を下から選び、記号で答えましょう。

　　　ア 海岸に砂浜が多く、大きな波で海岸がけずられてしまうから。

　　　イ 海がすぐ深くなるので、人々がおぼれやすいから。

　　　ウ 海がせまくなっているので、津波が大きくなるから。

□**問5** 文章中の下線部Eについて、さんまなどがよくとれたとき、わざと漁に出ないことがあります。その理由として正しいものを下から選び、記号で答えましょう。

　　ア はたらく人に長い休みをあたえるため。

　　イ 魚のねだんが下がりすぎないようにするため。

　　ウ 来年にとる分を海に残しておくため。

□**問6** 文章中の下線部Fについて、この海岸でさかんに養殖されている水産物ではないものを下から選び、記号で答えましょう。

　　ア まぐろ　　　**イ** かき　　　**ウ** わかめ　　　**エ** こんぶ

□**問7** 地図中の（　　　）にあてはまる漁港名を下から選び、記号で答えましょう。

　　ア 銚子　　　**イ** 釧路　　　**ウ** 焼津　　　**エ** 石巻

□**問8** 地図中の①・②の半島の名をそれぞれ答えましょう。

 問題演習

 琵琶湖は日本を代表する湖です。琵琶湖について、あとの各問いに答えましょう。

→ 解答は91ページ

問1 琵琶湖や淀川は、昔は水上交通に利用されました。江戸時代に東北地方でとれた（ 1 ）は、たわらにつめられて船で福井県まで輸送され、₂そこから琵琶湖の北まで馬で運ばれました。琵琶湖でまた船に積み替えられて、さらに淀川などを使って京都や大阪に運ばれました。これについて、(1)〜(3)の問いに答えましょう。

□(1) （ 1 ）にあてはまる、当時の重要な品物を漢字1字で答えましょう。

□(2) 下線部2について、馬の背を利用していたものをわざわざ積み替えて、琵琶湖を利用して船で運ぶのはなぜですか。ふさわしいものを下から選び、記号で答えましょう。

　ア　船のほうが馬よりも一度に大量の品物を運ぶことができるから。

　イ　積み替えるほど多くの人の手をへて、産業がさかんになるから。

　ウ　琵琶湖のまわりには、当時は道がなかったから。

□(3) 江戸時代が終わると、琵琶湖や淀川を利用した船の輸送はおとろえます。その理由を下から選び、記号で答えましょう。

　ア　馬車が発明されて、馬車で多くの品物が輸送されるようになったから。

　イ　鉄道がしかれて、鉄道で多くの品物が輸送されるようになったから。

　ウ　自動車が広まって、トラックで多くの品物が輸送されるようになったから。

問2 1970年代の終わりごろから、琵琶湖のよごれが目立つようになりました。これについて、(1)〜(4)の問いに答えましょう。

□(1) 資料1・2からわかる琵琶湖のよごれの原因をあとのア〜エから選び、それぞれ記号で答えましょう。

資料1

府県名	1970年の人口（単位万人）	2020年の人口（単位万人）	増加数（単位万人）
滋賀県	89	141	52
三重県	154	177	23
和歌山県	104	92	−12
奈良県	93	133	40
京都府	225	258	33
大阪府	762	884	122
兵庫県	467	547	80

（『データでみる県勢』より）

資料2

ア　琵琶湖のまわりに住宅がふえてきたから。

イ　琵琶湖のまわりに大きな遊園地ができたから。

ウ　琵琶湖のまわりに植林がすすんだから。

エ　滋賀県にふった雨のほとんどが琵琶湖へ流れこんでいるから。

□(2)　右の図は、琵琶湖のよごれを透明度であらわしたものです。この図で琵琶湖のよごれを北と南でくらべると、よごれが目立つのは（　１　）です。その理由は、 ◻️◻️◻️ 2 ◻️◻️◻️ からだと考えられます。

（　１　）にあてはまることばを漢字１字で答えましょう。また、 ◻️◻️◻️ 2 ◻️◻️◻️ にあてはまる文としてふさわしくないものを下から選び、記号で答えましょう。

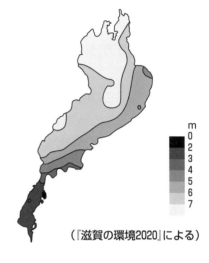

（『滋賀の環境2020』による）

ア　川がひとつだけここから流れ出している

イ　琵琶湖の幅が一番せまい

ウ　すぐ近くまで山がせまっている

□(3)　1970年代の終わりごろから琵琶湖の水が、よごれて赤っぽくにごるようになりました。このよごれを何といいますか。下から選び、記号で答えましょう。

ア　赤潮　　　　　イ　ヘドロ　　　　ウ　親潮

□(4)　琵琶湖の水のよごれを防ぐために滋賀県の人々はどのようなくふうをしましたか。ふさわしいものを下から選び、記号で答えましょう。

ア　琵琶湖に流れこむ川を少なくした。

イ　工場で品物を生産する量を制限する決まりをつくった。

ウ　水をひどくよごす洗剤を使わないようにする決まりをつくった。

これだけはおさえておこう!!
らくらくチェック85題

🐼 第1回　地図の見方

☐**1** 方位記号がかかれていない地図の場合、上はどの方角になりますか。

☐**2** 八方位で北と東の間を何といいますか。

☐**3** 海面から同じ高さのところをむすんだ線を何といいますか。

☐**4** 縮尺5万分の1の地図での1㎝は、じっさいは何mになりますか。

☐**5** 「 ◎ 」この地図記号は何をあらわしていますか。

☐**6** 「 ⊕ 」この地図記号は何をあらわしていますか。

☐**7** 「 ‖ 」この地図記号は何をあらわしていますか。

☐**8** 「畑」の地図記号をかきましょう。

☐**9** 「工場」の地図記号をかきましょう。

☐**10** 「果樹園」の地図記号をかきましょう。

🐼 第2回　日本列島とまわりの海

☐**11** 日本列島でもっとも大きな島の名を書きましょう。

☐**12** 日本列島をかこむ海の1つで、世界でもっとも広い海の名を書きましょう。

☐**13** 日本の面積はおよそ何万㎢ですか。

☐**14** 日本列島の南北の長さはおよそ何㎞ですか。

☐**15** 黒潮とよばれるのは何海流ですか。

☐**16** 親潮とよばれるのは何海流ですか。

☐**17** 暖流と寒流がぶつかる場所を何といいますか。

☐**18** 東シナ海などで見られる深さ200mくらいまでの海底を何といいますか。

🐼 第3回　山地・山脈と火山

☐**19** 日本の国土のうち山地のしめる割合はどれくらいですか。

☐**20** 日本の国土のうち森林のしめる割合はどれくらいですか。

☐**21** 本州の中央部にはしる大地溝帯を何といいますか。

☐**22** 森林が「緑のダム」とよばれるのは何をたくわえるからですか。

🐼 第4回　川と平野・盆地

☐**23** 日本でもっとも長い川の名を書きましょう。

☐**24** 日本の国土のうち平地のしめる割合はどれくらいですか。

☐**25** 北海道でもっとも長い川の名を書きましょう。

☐**26** 水をたくわえるためにつくられた人造の湖を何といいますか。

☐**27** 周囲を山地にかこまれた平地を何といいますか。

☐**28** 信濃川の河口がある平野の名を書きましょう。

☐**29** 利根川は何という海に注いでいますか。

☐**30** 日本の川の特徴を2つ書きましょう。

☐**31** 日本の川の水が特に多くなる時期を3つ書きましょう。

☐**32** 川の水が多くなるとおこる災害は何ですか。

🐼 第5回　海岸線・半島・島

☐**33** 日本の海岸線の長さはおよそ何kmですか。

☐**34** 日本の島の数はおよそいくつですか。

☐**35** 山地が海にしずんでできた出入りのはげしい海岸を何といいますか。

☐**36** 日本でもっとも大きな半島はどこですか。

☐**37** 海が陸地に入りこんだところを何といいますか。

🐼 第6回　都道府県

☐**38** 8地方のうちもっとも人口の多い地方はどこですか。

☐**39** 8地方のうちもっとも人口の少ない地方はどこですか。

☐**40** 8地方のうちふくまれる都道府県数がもっとも多い地方はどこですか。

☐**41** 大阪府・京都府などがふくまれる地方はどこですか。

🐼 第7回　グラフの見方

☐**42** 雨温図で折れ線グラフであらわされているものは何ですか。

☐**43** 雨温図で棒グラフであらわされているものは何ですか。

☐**44** 全体にしめる割合をあらわすのに適しているグラフを2つ書きましょう。

☐**45** 数や量のうつりかわりを見るのに適しているグラフは何ですか。

☐**46** 数や量の大きさをくらべるのに適しているグラフは何ですか。

🐼 第8回　あたたかい地方のくらし

☐ **47** 夏に沖縄の降水量が多いのは何が原因ですか。

☐ **48** 太平洋戦争後沖縄を占領していた国はどこですか。

☐ **49** 沖縄が日本に復帰したのは西暦何年ですか。

☐ **50** 沖縄で多くつくられている農産物でさとうの原料となるものは何ですか。

☐ **51** 県の面積の10分の1近くをしめる外国の施設は何ですか。

☐ **52** 沖縄県にある日本でもっとも西にある島はどこですか。

🐼 第9回　寒い地方のくらし

☐ **53** 根釧台地につくられている実験農場を何といいますか。

☐ **54** 乳牛を飼って牛乳や乳製品を生産する農業を何といいますか。

☐ **55** 石狩川の河口付近に位置し、札幌市のある平野はどこですか。

☐ **56** 日本でもっとも低い気温を記録したことがある旭川市のある盆地はどこですか。

☐ **57** 北海道で生産量の多いさとうの原料となる農産物は何ですか。

☐ **58** じゃがいもなどの畑作がさかんな帯広市のある平野はどこですか。

☐ **59** 太平洋戦争後ロシアに占拠されている国後島や歯舞群島をふくむ地域を何といいますか。

☐ **60** 北海道にある日本最北端の島はどこですか。

🐼 第10回　雪が多い地方のくらし

☐ **61** 北陸地方が面している海の名を書きましょう。

☐ **62** 北陸地方に多くの雪をもたらす冬の季節風がふいてくるのはどの方角からですか。

☐ **63** 米の生産量が全国で毎年1・2位となる北陸の県はどこですか。

☐ **64** 道路にふった雪をとかすために地下水などを道にまく設備を何といいますか。

☐ **65** 家の屋根などに積もった雪を取りのぞく作業を何といいますか。

🐼 第11回　雨が少ない地方のくらし

☐ **66** 北を中国地方、南を四国にはさまれた内海はどこですか。

□67 四国北部最大の平野である讃岐平野は何県にありますか。

□68 雨があまりふらず、農作物がかれる被害を何といいますか。

□69 大きな川がない地域で水不足の対策としてつくられた貯水池を何といいますか。

□70 水不足をおぎなうために讃岐平野に引かれている用水の名を書きましょう。

🐼 第12回　高地のくらし

□71 中部地方の長野県・山梨県・岐阜県をまとめて何といいますか。

□72 飛驒山脈・赤石山脈・木曽山脈をまとめて何といいますか。

□73 群馬県の嬬恋村で栽培のさかんな農作物は何ですか。

□74 長野県の諏訪盆地で昔さかんにおこなわれていた産業は何ですか。

□75 生糸を取るための工場を何といいますか。

□76 今の諏訪盆地では情報通信機械器具の製造がさかんです。これにあてはまる工業製品を一つあげましょう。

🐼 第13回　低地のくらし

□77 日本でもっとも流域面積の広い川の名を書きましょう。

□78 ダムの水を使って発電する方法を何といいますか。

□79 利根川の下流に広がる水の多い低地を何といいますか。

□80 利根川下流域で栽培がさかんな、早めに出荷する米を何といいますか。

🐼 第14回　水辺に住む人々のくらし

□81 青森県・岩手県・宮城県の３県にまたがる太平洋岸の地方を何といいますか。

□82 東北地方の太平洋側で夏に北東からふく風を何といいますか。

□83 夏に気温があまり上がらず、農作物の生育が悪くなることを何といいますか。

□84 魚や貝をいけすなどで人工的に育てる漁業を何といいますか。

□85 滋賀県の面積のほぼ６分の１をしめる日本でもっとも面積の広い湖の名を書きましょう。

第1回　地図の見方

レベル **A**

問題は **7・8** ページ

問1　(1)1 北　2 南　3 東　4 西　(2)方位記号（ほうい）　(3)A北東　C南西　　問2　(1)1
イ　2 ア　(2)ア・ウ　(3)ア　　問3　(1)縮尺（しゅくしゃく）　(2)1　50000　2　500

解説　問1　(3)　8方位では、北東・北西・南東・南西のように、「北」か「南」が先
になります。

問2　(2)　アとウの高さは100mから200mの間、イの高さは200mから300mの
間、エの高さは300mから400mの間です。

(3)　左側の山の頂上（がわ）（ちょうじょう）の高さは400mから500mの間、右側の山の頂上の
高さは500mから600mの間です。

レベル **B**

問題は **9・10** ページ

問1　イ　　問2　1 北　2 寺　3 神社（じんじゃ）　4 市役所　5 病院（びょういん）　6 学校（小学校・中
学校）　7 消防署（しょうぼうしょ）　（こうじ君の家）ア　（みなこさんの家）エ　　問3　1 キ　2 ウ
3 イ　4 ア　5 カ

解説　問1　川は海に流れこむので、北から南へ向かって流れています。

問3　1は寺、2は消防署、3は学校（小・中学校）、4は針葉樹林（しんようじゅりん）、5は警（けい）
察署（さつしょ）の地図記号です。

第2回　日本列島とまわりの海

レベル **A**

問題は **12・13** ページ

問1　ユーラシア大陸（たいりく）（アジア大陸）　　問2　(1)Aイ　Bウ　Cア　Dエ　(2)Aイ
Bウ　Cエ　Dア　(3)イ　　問3　あ3　い2　う2　　問4　ア　　問5　(1)①
オホーツク海　②日本海　③東シナ海　④太平洋　(2)①エ　②ウ　③イ　④ア

解説　問3　日本全体の面積（めんせき）を100とした場合、本州（ほんしゅう）がおよそ60、北海道（ほっかいどう）がおよそ20、
九州（きゅうしゅう）がおよそ10、四国（しこく）がおよそ5という割合（わりあい）になることがグラフからわ
かります。

レベル **B**

問題は **14・15** ページ

問1　Aウ　Bエ　Cイ　　問2　(1)A黒潮（くろしお）　B親潮　(2)ア　(3)しおめ　　問3　(1)
イ　(2)雪　　問4　イ

解説　問4　日本近海を流れる日本海流と対馬海流（つしま）は、南から北に向かって流れる暖（だん）

84

流です。一方、千島海流とリマン海流は、北から南に向かって流れる寒流です。

第3回 山地・山脈と火山

◆ 問題は**17・18**ページ

問1 ア **問2** (1)イ (2)エ (3)①1ア 2エ 3オ ②ダム **問3** (1)1イ
2ア (2)フォッサマグナ (3)1 3000 2 屋根 3アルプス (4)①日高山 脈
②奥羽山脈 ③越後山脈 ④関東山地 ⑤紀伊山地 ⑥中 国山地 ⑦四国山地 ⑧
九 州山地

解説 **問1** 日本の国土の約4分の3が山地、約4分の1が平地です。
問2 (3) ②森林は地下に水をたくわえるので、「緑のダム」とよばれていま
す。また、雪は冬の間積もっていて春になると水になるので、「白い
ダム」とよばれています。

◆ 問題は**19〜21**ページ

問1 B四国 D北海道 **問2** ウ **問3** (1)阿蘇山 (2)九 州山地 **問4**
イ **問5** (1)2大山 3富士山 (2)①日本アルプス ②A飛騨山 脈 B赤石山
脈 **問6** 1ケ 2ク 3カ 4ア

解説 **問2** 九州でもっとも高い山は図中の宮之浦岳、四国でもっとも高い山は図中
の石鎚山です。
問3 火山の爆発によってできた大きなくぼ地のことをカルデラといいます。
阿蘇山にできたカルデラは、東西に約18km、南北に約25kmになり、そこに
は町や牧 場がつくられています。

第4回 川と平野・盆地

◆ 問題は**23・24**ページ

問1 エ **問2** 1農業用水 2工業用水 3生活用水 **問3** ウ **問4** (1)
ウ (2)イ (3)9イ (位置)ケ 11ウ (位置)キ

解説 **問4** 日本の川で、長さの長い上位3つを順にあげると信濃川・利根川・石
狩川、流 域面積の広い上位3つを順にあげると利根川・石狩川・信濃川
となります。

問題は**25・26**ページ

レベルB

問1　エ　　問2　(1)信濃川　(2)長さが短くて流れが急である　　問3　(1)（台風）エ（梅雨）ウ（雪どけ）イ　(2)ウ　　問4　(1)ダム　(2)ア　(3)森林

解説　問3　(2)　グラフを見ると、4月にもっとも水量が多くなっています。この時期に水がふえる理由は、雪どけ水が川に流れこむためです。ア～エの川が流れる地域のうち、もっとも雪が多くふるところを考えましょう。

　　　問4　(2)　川からとり入れた水は、浄水場できれいにされて、わたしたちの家に送られてきます。

第5回　海岸線・半島・島

問題は**28・29**ページ

レベルA

問1　(1)ア　(2)1イ　2エ　　問2　ア　　問3　(1)ウ　(2)1イ　2ウ　　問4　エ

問5　(1)A③　B④　C②　D①　(2)Aイ　Bア　Cエ　Dウ

解説　問3　(2)　アの津軽半島は青森県、イの伊豆半島は静岡県、ウの紀伊半島は和歌山県・三重県・奈良県、エの能登半島は石川県、オの房総半島は千葉県にあります。

問題は**30・31**ページ

レベルB

問1　Aウ　Bオ　Cイ　Dア　　問2　Aウ・対馬　Bイ・沖縄島　Cオ・淡路島　Dエ・佐渡島　　問3　C　　問4　ウ

解説　問3　Cの淡路島は、本州とは明石海峡大橋で、四国とは大鳴門橋でむすばれています。

第6回　都道府県

問題は**33**ページ

レベルA

問1　(広い)北海道地方　(せまい)四国地方　　問2　(1)A東北（地方）　B近畿（地方）

(2)5　　問3　1イ　2オ　3エ　4ア

解説　問1　全国を8つの地方に分けた場合の面積を広い順にならべると、北海道・東北・中部・九州・近畿・関東・中国・四国となります。人口の多い順にならべると、関東・近畿・中部・九州・東北・中国・北海道・四国となります。

◆ 問題は**34～36**ページ

レベル B

問1　あ岩手（位置）③　い香川（位置）㊲　問2　A神奈川（位置）⑭　B大阪（位置）㉗　C鳥取（位置）㉛　問3　(1)愛知県　(2)奈良県　(3)1 多　2 せま

問4　1○　2×　3×　問5　1カ　2キ　3ア　4シ　5エ　6ウ　7オ　8ケ

解説　問3　1 km²の広さの中に、人がどれくらい住んでいるかをあらわした数字を人口密度といいます。人口密度は、「人口÷面積」という式で求められます。

第7回　グラフの見方

◆ 問題は**38～40**ページ

レベル A

問1　(1)（グラフ1）イ　（グラフ2）ア　（グラフ3）エ　（グラフ4）ウ　(2)（グラフ1）イ　（グラフ2）ウ　（グラフ3）エ　（グラフ4）ア　問2　イ　問3　あ3　い2　う2　問4　あ中国　い800　問5　あ石炭　い石油　う水力　え原子力

解説　問2　イ　チリのとれ高を10倍すると、2000万トンをこえてしまいます。

◆ 問題は**41・42**ページ

レベル B

問1　あ折れ線　い棒　問2　(1)ウ　(2)10月　問3　①ウ　②オ　③ア　問4　①ウ　②ア　③イ

解説　問4　①は冬でも月の平均気温が17℃くらいあり、これほどあたたかいのは沖縄だとわかります。ぎゃくに、②は8月でも平均気温が25℃もなく、これほどすずしいのは北海道だとわかります。③は冬に降水量が多いので、雪がたくさんふる日本海側の地域だとわかります。

第8回　あたたかい地方のくらし

◆ 問題は**44・45**ページ

レベル A

問1　ウ　問2　(1)イ　(2)ア　問3　①パイナップル　②さとうきび　問4　太平洋　問5　(1)アメリカ　(2)イ

解説　問2　(2)　沖縄県は、降水量は多いのですが、大きな川がないため、水不足になりやすいところです。

　　　　問5　(2)　農地に適した土地がアメリカ軍の基地に利用されていることや、アメリカ軍の飛行機の騒音がはげしいことが、沖縄の人々の大きななやみとなっています。

◆ 問題は**46〜48**ページ

問1 エ 問2 (1)鹿児島県・エ (2)①エ ②ア ③カ ④ウ 問3 イ 問4 (1)あウ ⓘイ ③エ えキ (2)①○ ②× ③○ (3)ウ 問5 あ梅雨 ⓘ台風

解説 問1 南西諸島の広がりは、種子島から与那国島まで、およそ1000kmにわたっています。日本の南北の長さ（択捉島から沖ノ鳥島まで）が3000km、北海道の北の端から九州の南の端までがおよそ2000kmということを考えると、南西諸島はとても広いはんいにのびているといえます。

第9回 寒い地方のくらし

◆ 問題は**50・51**ページ

問1 (1)夏 (2)日照時間は短くなる。 (3)A南東 B千島 問2 (1)エ (2)根釧（台地）・パイロットファーム 問3 オホーツク海 問4 (1)イ (2)ロシア (3)ウ 問5 200

解説 問1 (2) 霧が発生して日光がさえぎられるため、日照時間は短くなります。
問5 1カイリは1852mで、200カイリは約370kmになります。

◆ 問題は**52〜54**ページ

問1 あオ いア うエ えイ おウ 問2 (1)パイロットファーム (2)エ 問3 ウ 問4 ア 問5 (1)∨ (2)ア (3)ウ 問6 Aイ Bア Dウ

解説 問2 (2) 表をよく見ると、えさやりは夏も冬も同じ回数になっています。
問3 豆腐の原料は大豆です。
問6 Aの根室は他の都市より夏の気温が低いのが特徴です。Bの札幌は日本海側にあるため、他の都市より冬に降水量が多いのが特徴です。Dの旭川は内陸部にあるため、他の都市より夏と冬の気温差が大きいのが特徴です。

第10回 雪が多い地方のくらし

◆ 問題は**56〜58**ページ

問1 (1)A新潟（県） B長野（県） (2)ア (3)対馬海流 問2 信濃（川） 問3 あエ いア 問4 (1)ゆきおろし (2)①Aイ Bア Cエ Dウ ②イ (3)エ (4)ウ 問5 ダム

レベル A

解説　問3　根雪とは、ふり積もったまま春までとけない雪のことです。

　　　問4　⑵　①　Aの雪がこいは、家のまわりを板などでかこったものです。Bの雪どめは、屋根に積もった雪が一度に落ちるのを防ぐためのものです。Cの明かりまどは、室内に光をとり入れるためのまどです。Dのがん木は、家のひさしを長くはり出し、その下を通路としたものです。

　　　　　　②　冬は何mも雪が積もるので、家の土台は高くしています。

レベル B

◆　問題は**59**ページ

問1　対馬（海流）　問2　北西　問3　雪　問4　飛驒（山脈）　問5　イ
問6　イ

解説　問2　日本では、夏は南東から、冬は北西から風がふいてきます。この風を季節風といいます。

　　　問6　山梨県ではぶどうやもも、静岡県ではみかんの栽培がさかんなので、どちらもくだもの畑が多くなっています。

第11回　雨が少ない地方のくらし

レベル A

◆　問題は**61・62**ページ

問1　⑴淡路島　⑵2岡山県　3広島県　4山口県　5愛媛県　6香川県　問2
⑴ウ　⑵①日本海　②対馬海流　③太平洋　④日本海流　⑤1中国（山地）　2四国
（山地）　問3　（鳥取）ウ・キ　（高松）エ・ケ　（高知）ア・カ

解説　問2　⑴　文章中の「あたたまりにくく、冷めにくい」という部分がヒントになります。

　　　問3　日本海側の地域は冬に、太平洋側の地域は夏に降水量が多くなります。

レベル B

◆　問題は**63・64**ページ

問1　イ　問2　讃岐平野　問3　ア　問4　ア　問5　1香川（用水）
2讃岐（山脈）　3吉野（川）　4徳島（県）

解説　問1　ア　香川県は47都道府県の中でもっとも面積がせまい県です。

　　　　　　イ　中国地方にある鳥取県は、47都道府県の中でもっとも人口が少ない県です。

　　　　　　ウ　香川県の県庁所在都市は高松市です。

第12回　高地のくらし

レベル A

◆ 問題は**66**ページ

問1 群馬県　**問2** ウ　**問3** イ　**問4** イ・エ　**問5** 高いねだんで売れること。

解説 **問5** キャベツのねだんは、市場でのせりによって決まります。キャベツの量が少なく、買いたい人が多いと、ねだんは高くなっていきます。

レベル B

◆ 問題は**67・68**ページ

問1 ウ　**問2** ア　**問3** イ　**問4** ア　**問5** ア　**問6** ア　**問7** ア　**問8** ウ　**問9** ア・エ

解説 **問2** イは茶畑、ウは畑の地図記号です。

　　　 問5 諏訪の製糸工場にはたらきにきていたのは、おもに長野県や岐阜県などに住んでいた貧しい農家の若い女の人たちでした。この人たちはきびしい条件の中で長時間はたらかされ、体をこわす人も多くいました。

　　　 問7 この戦争は太平洋戦争です。生糸の最大の輸出先はアメリカでしたが、太平洋戦争でアメリカと戦ったため、輸出できなくなってしまいました。

第13回　低地のくらし

レベル A

◆ 問題は**70〜72**ページ

問1 イ　**問2** 1越後(山脈)　2関東(平野)　3太平洋　**問3** (1)ダム　(2)水力発電所　(3)イ　(4)①イ　(位置)ケ　②ウ　(位置)ク　③ア　(位置)カ　(5)神奈川県
問4 (1)(湖の名)霞ヶ浦　(県の名)茨城県　(2)①多く　②低い　(3)イ　(4)早場米
(5)あエ　いウ　うオ　えイ　(6)千葉県

解説 **問3** (3) ダムが川の上流につくられているのに対して、河口ぜきは川の下流につくられています。この河口ぜきは、台風の接近などによって海の水位が上がり、海水が川に逆流するのを防ぐためのものです。

　　　 問4 (5) かつて香取市の農民は、田に腰までつかりながら米づくりをおこなっていました。そこで、農作業がしやすいように、川幅を広げたり川底を深くしたりし、さらに沼をうめ、土地の高さを高くし、道路も整備しました。

◆ 問題は**73・74**ページ

レベルB

問1　1東京（湾）　2エ　3イ　　問2　ア・キ　　問3　(1)ア　(2)江戸川　(3)（野田）ア　（銚子）ウ　　問4　ア

解説　問2　カは大阪、クは京都の説明です。

　　　　問3　(3)　同じ問3の(1)に「江戸川の流域にある野田」、(2)に「利根川の河口にある銚子」と書いてあるので、ここから考えることができます。

第14回　水辺に住む人々のくらし

◆ 問題は**76・77**ページ

レベルA

問1　1潮目　2プランクトン　3リアス（海岸）　　問2　エ　　問3　B日本海流　C千島海流　　問4　(1)イ　(2)ウ　　問5　イ　　問6　ア　問7　エ　　問8　①津軽半島　②下北半島

解説　問5　物のねだんは、ふつう、人々が必要としている量（これを需要といいます）と、物の出回る量（これを供給といいます）の関係で決まります。需要が供給より多くなるとねだんは上がり、供給が需要より多くなるとねだんは下がります。

　　　　問7　アの銚子は千葉県、イの釧路は北海道、ウの焼津は静岡県の漁港です。

◆ 問題は**78・79**ページ

レベルB

問1　(1)米　(2)ア　(3)イ　　問2　(1)（資料１）ア　（資料２）エ　(2)1南　2ウ　(3)ア　(4)ウ

解説　問1　(3)　江戸時代の次の明治時代になると、鉄道が開通して、鉄道で多くの品物が輸送されるようになりました。また、川にダムがつくられるようになり、船が通行できなくなっていきました。

　　　　問2　(1)　資料１からは滋賀県の人口が大きくふえていること、資料２からは滋賀県がまわりを山にかこまれていることがわかります。

これだけはおさえておこう!! らくらくチェック85題　解答

第1回　地図の見方　問題は**80**ページ

1 北　　**2** 北東　　**3** 等高線

4 500（m）　　**5** 市（東京都の区）役所

6 病院　　**7** 田　　**8** ∨　　**9** ☼

10 ⌀

第2回　日本列島とまわりの海

　　　　　　　　　　　　　　問題は**80**ページ

11 本州　　**12** 太平洋　　**13** 38（万km²）

14 3000（km）　　**15** 日本海流

16 千島海流　　**17** 潮目

18 大陸だな

第3回　山地・山脈と火山　問題は**80**ページ

19 4分の3（75%）

20 3分の2（67%）

21 フォッサマグナ　　**22** 水（地下水）

第4回　川と平野・盆地

　　　　　　　　　　　問題は**80・81**ページ

23 信濃川　　**24** 4分の1（25%）

25 石狩川　　**26** ダム　　**27** 盆地

28 越後平野　　**29** 太平洋

30 長さが短い・流れが急である

31 梅雨・台風・雪どけ　　**32** こう水

第5回　海岸線・半島・島　問題は**81**ページ

33 35000（km）　　**34** 7000

35 リアス海岸　　**36** 紀伊半島

37 湾

第6回　都道府県　問題は**81**ページ

38 関東地方　　**39** 四国地方

40 中部地方　　**41** 近畿地方

第7回　グラフの見方　問題は**81**ページ

42 （月別平均）気温

43 （月別平均）降水量

44 帯グラフ・円グラフ

45 折れ線グラフ　　**46** 棒グラフ

第8回　あたたかい地方のくらし

　　　　　　　　　　　　　　問題は**82**ページ

47 台風　　**48** アメリカ

49 1972年（昭和47年）　　**50** さとうきび

51 米軍基地　　**52** 与那国島

第9回　寒い地方のくらし　問題は**82**ページ

53 パイロットファーム　　**54** 酪農

55 石狩平野　　**56** 上川盆地

57 てんさい（ビート）　　**58** 十勝平野

59 北方領土　　**60** 択捉島

第10回　雪が多い地方のくらし

　　　　　　　　　　　　　　問題は**82**ページ

61 日本海　　**62** 北西　　**63** 新潟県

64 消雪パイプ　　**65** 雪おろし

第11回　雨が少ない地方のくらし

　　　　　　　　　　　問題は**82・83**ページ

66 瀬戸内海　　**67** 香川県　　**68** 干害

69 ため池　　**70** 香川用水

第12回　高地のくらし　問題は**83**ページ

71 中央高地　　**72** 日本アルプス

73 キャベツ　　**74** 養蚕（業）

75 製糸工場

76 デジタルカメラ（携帯電話）

これだけはおさえておこう!! らくらくチェック85題 解答

◎　たいせつなことがらを書いておきましょう。

回　たいせつなことがらを書いておきましょう。

◎　たいせつなことがらを書いておきましょう。